GEORG DIETMAR LAUER

Die Korrekturvorschrift des § 175 Abs. 1 Satz 1 Nr. 2 Abgabenordnung

Schriften zum Steuerrecht

Band 28

Die Korrekturvorschrift des § 175 Abs. 1 Satz 1 Nr. 2 Abgabenordnung

Anwendungsbereich und Inhalt

Von

Dr. Georg Dietmar Lauer

DUNCKER & HUMBLOT / BERLIN

CIP-Kurztitelaufnahme der Deutschen Bibliothek

Lauer, Georg Dietmar:
Die Korrekturvorschrift des § 175
Abs[atz] 1 Satz 1 N[umme]r 2 Abgabenordnung:
Anwendungsbereich u. Inhalt / von Georg Dietmar
Lauer. — Berlin: Duncker und Humblot, 1984.
(Schriften zum Steuerrecht; Bd. 28)
ISBN 3-428-05635-3
NE: GT

Gedruckt 1984 bei Buchdruckerei A. Sayffaerth - E. L. Krohn, Berlin 61
Printed in Germany

ISBN 3-428-05635-3

Vorwort

Die Bestimmung des § 175 Abs. 1 Satz 1 Nr. 2 Abgabenordnung besteht aus nur wenigen Tatbestandsmerkmalen, die zudem noch weit gefaßt sind.

Eine Vielzahl von Problemen ergibt sich, wenn man den Anwendungsbereich der Vorschrift darstellt. Dieser kann nur hinreichend sicher herausgearbeitet werden, wenn insbesondere das Merkmal „Ereignis" im Hinblick auf den weiteren Wortlaut der Bestimmung und unter Heranziehung tragender Prinzipien des Steuerrechts restriktiv ausgelegt wird. Die sachgerechte Eingrenzung des Anwendungsbereiches setzt weiterhin voraus, das der Vorschrift zugrundeliegende Prinzip zu ergründen. Ein weiteres Problem liegt darin, daß sich in der Rechtsprechung und in der Literatur Fallgruppen herausgebildet haben, bei denen die rechtlichen Grundlagen für eine Korrektur des jeweiligen Steuerbescheides nicht genannt werden bzw. umstritten sind.

So versteht sich die vorliegende Arbeit in erster Linie als rechtsdogmatische Arbeit. Die angestellten Überlegungen lassen sich immer wieder auf systemtragende Prinzipien des Steuerrechts zurückführen. Darüber hinaus ist der Versuch unternommen worden, den breit gefächerten Anwendungsbereich der Bestimmung nach Fallgruppen zu ordnen.

An dieser Stelle gilt Herrn Professor Dr. Klaus Tipke mein besonderer Dank dafür, daß er mich so freundlich als Doktorand annahm und diese Thematik mit ihren vielschichtigen Problemen an mich vergab. Er begleitete die Entwicklung der Dissertation stets wohlwollend. In dem von ihm geleiteteten Doktorandenseminar konnte ich von den Teilnehmern fruchtbare Denkanstöße dankbar entgegennehmen.

Darüber hinaus habe ich meinen Eltern dafür zu danken, daß sie mir — auf ihre Weise — die Möglichkeit zur Promotion geboten und mich in diesem Vorhaben fortwährend moralisch unterstützt haben. Für dahingehenden wohltuenden Beistand, aber auch für das Verständnis für die durch die Promotion bedingten Einschränkungen des Privatlebens habe ich schließlich meiner Familie zu danken.

Hemsbach, im Juni 1984

Georg Dietmar Lauer

Inhaltsverzeichnis

Drittes Kapitel

Fallgruppen rückwirkender Ereignisse

Viertes Kapitel

§ 175 Abs. 1 Satz 1 Nr. 2 AO im Verhältnis zu anderen Korrekturvorschriften

Fünftes Kapitel

Abkürzungsverzeichnis

A.	=	Anmerkung
a. E.	=	am Ende
a. F.	=	alte Fassung
AG	=	Aktiengesellschaft
AO	=	Abgabenordnung 77
BB	=	Betriebs-Berater
BerlFördG	=	Berlinförderungsgesetz
BewG	=	Bewertungsgesetz
BFH	=	Bundesfinanzhof
BGB	=	Bürgerliches Gesetzbuch
BGBl.	=	Bundesgesetzblatt
BGH	=	Bundesgerichtshof
BGHZ	=	Entscheidungen des Bundesgerichtshofes in Zivilsachen
BlStSozArbR	=	Blätter für Steuer-, Sozial- und Arbeitsrecht
BStBl.	=	Bundessteuerblatt
BT	=	Bundestag
BVerfG	=	Bundesverfassungsgericht
BVerfGE	=	Amtliche Entscheidungssammlung des Bundesverfassungsgerichts
BVerfGG	=	Bundesverfassungsgerichtsgesetz
BVerwG	=	Bundesverwaltungsgericht
DB	=	Der Betrieb
dgl.	=	der gleiche
DStR	=	Deutsches Steuerrecht
DStZ	=	Deutsche Steuerzeitung
EFG	=	Entscheidungen der Finanzgerichte
Einf.	=	Einführung
ErbSt(G)	=	Erbschaftsteuer(Gesetz)
EStG	=	Einkommensteuergesetz
EStR	=	Einkommensteuer-Richtlinien
F.	=	Fach
FG	=	Finanzgericht
Fin.Min.	=	Finanzminister
FR	=	Finanz-Rundschau
GG	=	Grundgesetz
GewStG	=	Gewerbesteuergesetz
GmbH	=	Gesellschaft mit beschränkter Haftung
GmbHG	=	GmbH-Gesetz
GmbHR	=	GmbH-Rundschau
GrEStG	=	Grunderwerbsteuergesetz
Gr. S.	=	Großer Senat

GrStG	=	Grundsteuergesetz
Hess.	=	Hessisches
HFR	=	Höchstrichterliche Finanzrechtsprechung
HGB	=	Handelsgesetzbuch
i. d. F.	=	in der Fassung
i. d. R.	=	in der Regel
Inf.	=	Die Information über Steuer und Wirtschaft
InvZulG	=	Investitionszulagegesetz
i. S.	=	im Sinne
i. V. m.	=	in Verbindung mit
JA	=	Juristische Arbeitsblätter
JuS	=	Juristische Schulung
KG	=	Kammergericht
KO	=	Konkursordnung
Komm.	=	Kommentar
KStG	=	Körperschaftsteuergesetz
LS	=	Leitsatz
lt.	=	laut
MDR	=	Monatsschrift für Deutsches Recht
m. E.	=	meines Erachtens
m. w. N.	=	mit weiteren Nennungen
n.	=	nicht
niedersächs.	=	niedersächsisch(er, es)
NJW	=	Neue Juristische Wochenschrift
NWB	=	Neue Wirtschaftsbriefe
OFD	=	Oberfinanzdirektion
OFH	=	Oberster Finanzgerichtshof
o. g.	=	oben genannt
o. V.	=	ohne Verfasser
R.	=	Rechtsspruch
RAO	=	Reichsabgabenordnung
RFH	=	Reichsfinanzhof
RGBl.	=	Reichsgesetzblatt
RGZ	=	Amtliche Entscheidungssammlung des Reichsgerichts
rkr.	=	rechtskräftig
Rspr.	=	Rechtsprechung
RStBl.	=	Reichssteuerblatt
RT	=	Reichstag
Rz.	=	Randziffer
SchuldR	=	Schuldrecht
Sp.	=	Spalte
StAnpG	=	Steueranpassungsgesetz
StbJb	=	Steuerberater-Jahrbuch
StRK	=	Steuerrechtsprechung in Karteiform
StuW	=	Steuer und Wirtschaft
Tz.	=	Textziffer
u.	=	unten
Überbl.	=	Überblick

UStG	=	Umsatzsteuergesetz
UStR	=	Umsatzsteuer-Rundschau
VStG	=	Vermögensteuergesetz
VVDStRL	=	Veröffentlichungen der Vereinigung Deutscher Staatsrechtslehrer
VwVfG	=	Verwaltungsverfahrensgesetz
WM	=	Wertpapier-Mitteilungen
WPg	=	Die Wirtschaftsprüfung
Ziff.	=	Ziffer
ZPO	=	Zivilprozeßordnung

Einleitung

Die Vorschrift des § 175 Abs. 1 Satz 1 Nr. 2 AO[1] bestimmt, daß ein Steuerbescheid zu erlassen, aufzuheben oder zu ändern ist, soweit ein Ereignis eintritt, das steuerliche Wirkung für die Vergangenheit hat.

Inhaltlich ist diese Regelung nicht neu. Bereits die RAO 1919[2] enthielt in § 214 Abs. 2 eine vergleichbare Vorschrift, die von der RAO 1931[3] in § 225 Abs. 2 unverändert übernommen wurde. Danach war eine Steuerfestsetzung nachzuholen oder zu berichtigen, wenn ein Tatbestandsmerkmal, dessen Vorliegen das Gesetz für die Besteuerung fordert, nachträglich mit Wirkung für die Vergangenheit weggefallen ist. Als Beispiele führte die Bestimmung die Anfechtung einer letztwilligen Verfügung und die Erbschaftsannahme an.

Unmittelbare Vorgänger des § 175 Abs. 1 Satz 1 Nr. 2 AO waren die §§ 4 Abs. 2, Abs. 3 Ziff. 2, 5 Abs. 5 StAnpG[4]. § 4 Abs. 3 Ziff. 2 StAnpG sah vor, daß Steuerfestsetzungen und -feststellungen zurückzunehmen, zu ändern, nachzuholen und zuviel gezahlte Steuern zu erstatten sind, „wenn ein Merkmal, dessen Vorliegen das Gesetz für die Steuerschuld, die Steuerbefreiung, eine Ermäßigung oder für eine sonstige Steuervergünstigung fordert, nachträglich mit Wirkung für die Vergangenheit weggefallen ist“.

Dies war der Grundtatbestand. Die gleichen Rechtsfolgen traten gemäß § 4 Abs. 2 StAnpG ein, wenn eine Bedingung eingetreten ist, „unter der die Steuerschuld, die Steuerbefreiung, die Steuerermäßigung oder die sonstige Steuervergünstigung wegfällt“. § 5 Abs. 5 StAnpG enthielt eine Korrekturmöglichkeit für die Fälle, in denen die wirtschaftlichen Folgen besteuerter unwirksamer oder angefochtener Rechtsgeschäfte zurückgenommen wurden.

Nach dem Willen des Gesetzgebers[5] soll § 175 Abs. 1 Satz 1 Nr. 2 AO die bisherigen Regelungen verallgemeinern. Mit dieser Vorschrift der Abgabenordnung beschäftigt sich die vorliegende Arbeit eingehend.

---

1 Abgabenordnung (AO 1977) vom 16. 3. 1976, BGBl. 1976 I, S. 613.

2 Reichsabgabenordnung 1919 vom 13. 12. 1919, RGBl. 1919 I, S. 1993.

3 Reichsabgabenordnung 1931 vom 22. 5. 1931, RGBl. 1931 I, S. 161.

4 Steueranpassungsgesetz vom 16. 10. 1934, RGBl. 1934 I, S. 925.

5 BT Drucksache VI 1982, S. 155.

Ausgehend von der Frage nach dem Sinn und dem Zweck der Korrekturvorschriften behandelt das 1. Kapitel insbesondere die Gründe, weshalb die AO zwischen allgemeinen und besonderen Korrekturvorschriften unterscheidet. Die Frage nach der ratio legis des § 175 Abs. 1 Satz 1 Nr. 2 AO und die Aufzählung der allgemeinen Voraussetzungen für die Anwendbarkeit der Norm stehen am Ende dieses Kapitels.

Das 2. Kapitel befaßt sich mit dem Problem, ob die Vorschrift überhaupt bei allen Steuerarten anwendbar ist. Umstritten ist nämlich, inwieweit Ereignisse mit steuerlicher Rückwirkung bei laufend veranlagten Steuern denkbar sind.

Im 3. Kapitel werden die Fallgruppen dargestellt, die den Anwendungsbereich des § 175 Abs. 1 Satz 1 Nr. 2 AO bilden. Diese Fallgruppen gehören teilweise dem bürgerlich-rechtlichen Bereich an, teilweise haben sie sich in der steuerlichen Beratungspraxis und in der Finanzrechtsprechung herausgebildet und teilweise können sie dem Bereich des öffentlichen Rechts zugeordnet werden.

Das 4. Kapitel befaßt sich überwiegend mit dem Verhältnis des § 175 Abs. 1 Satz 1 Nr. 2 AO zu anderen Korrekturvorschriften.

Das 5. Kapitel beendet die Arbeit mit der Zusammenfassung ihrer wesentlichen Ergebnisse.

Erstes Kapitel

§ 175 Abs. 1 Satz 1 Nr. 2 AO als Korrekturvorschrift

A. Allgemeines zu den Korrekturvorschriften

I. Terminologie

Die AO enthält in den §§ 124, 129—132 und in den §§ 172—177, 207, 280 Bestimmungen, die die Berichtigung, Aufhebung, Änderung, Rücknahme und den Widerruf von Verwaltungsakten und Steuerbescheiden betreffen. Zusammenfassend können diese Bestimmungen als Korrekturvorschriften[1] bezeichnet werden. § 175 Abs. 1 Satz 1 Nr. 2 AO gehört dazu.

Die Rechtsfolge der Norm besteht darin, daß ein Steuerbescheid zu erlassen, aufzuheben oder zu ändern ist, wenn die entsprechenden Tatbestandsvoraussetzungen erfüllt sind. Wird ein Steuerbescheid aufgehoben, wird er insgesamt beseitigt[2]. Unter „Änderung" ist die partielle inhaltliche Abwandlung zu verstehen[2].

II. Sinn und Zweck der Korrekturvorschriften

1. *Durchbrechung der materiellen Bestandskraft*

„Aufhebung" und „Änderung" bewirken, daß der Verwaltungsakt oder der Steuerbescheid inhaltlich korrigiert wird. Ein Steuerverwaltungsakt oder ein Steuerbescheid wird im Zeitpunkt seiner Bekanntgabe mit dem bekanntgegebenen Inhalt wirksam (§ 124 Abs. 2 Sätze 1, 2 AO). Bis zu diesem Zeitpunkt kommt dem entstehenden Verwaltungsakt lediglich verwaltungsinterne Bedeutung zu. Er kann deshalb noch jederzeit korrigiert werden[3].

Ist der Verwaltungsakt einmal wirksam geworden, müssen die Behörden und der Adressat den bekanntgegebenen Inhalt grundsätzlich gegen sich gelten lassen[4]. Nach § 124 Abs. 2 AO bleibt der Verwaltungs-

---

[1] *Hein*, BB 1978, S. 1768 ff.; *Tipke*, Steuerrecht, S. 506.

[2] *Tipke*, Steuerrecht, S. 506; *Woerner / Grube*, S. 2, 27.

[3] *Sudau / Lammerding / Brauel (Lammerding)*, S. 426.

akt wirksam, solange und soweit er nicht zurückgenommen, widerrufen oder anderweitig aufgehoben ist.

Legt der Adressat des Verwaltungsaktes oder Steuerbescheides innerhalb der Rechtsbehelfsfrist keinen Rechtsbehelf ein, entsteht eine der Rechtskraft gerichtlicher Entscheidungen ähnliche Bindungswirkung; der Verwaltungsakt erwächst in Bestandskraft[5].

Materiell-rechtlich wirkt sich die Bestandskraft dahingehend aus, daß der Betroffene und die Behörde den Akt mit seinem bekanntgegebenen Inhalt hinnehmen müssen. Eine Durchbrechung der materiellen Bestandskraft ist nur zulässig, wenn gesetzliche Vorschriften dies erlauben[6].

Die Korrekturvorschriften enthalten diese ausdrücklichen Gesetzesbefehle. Sie dienen also dem Zweck, die Korrektur unanfechtbar gewordener Bescheide zu ermöglichen.

2. Abwägung zwischen den Prinzipien der Rechtssicherheit und der Rechtsrichtigkeit

Die Bindung der Beteiligten an den Inhalt eines Steuerverwaltungsaktes — bedingt durch die Bestandskraft — dient der Rechtssicherheit und dem Rechtsfrieden[7]. Die Rechtskraft gerichtlicher Urteile bewirkt darüber hinaus, daß jede neue Verhandlung und Entscheidung über den gleichen Streitgegenstand ausgeschlossen ist[8]. Diese Gewähr der Rechtsrichtigkeit kann der Verwaltungsakt nicht in gleichem Maße bieten[9]: Es fehlt an einem rechtlich formell ausgestalteten Verfahren und an einem unparteiisch und unabhängig entscheidenden Dritten.

Kann die Rechtsrichtigkeit bei behördlichen Entscheidungen nicht garantiert werden, so besteht dann ein Bedürfnis nach Korrektur, wenn Verwaltungsakte geltendes Recht verletzen. Im Steuerrecht führt die Bindung der Verwaltung an das Gesetz (Art. 20 Abs. 3 GG) dazu, daß die Besteuerung nur durchgeführt werden kann, wenn ein Gesetz sie vorsieht (Prinzip der Gesetzmäßigkeit der Besteuerung) und der Tatbestand dieses Gesetzes verwirklicht wurde (Prinzip der Tatbestandsmäßigkeit der Besteuerung)[10].

---

[4] *Sudau / Lammerding / Brauel (Lammerding),* S. 426; *Tipke,* Steuerrecht, S. 504.

[5] *Kruse,* Steuerrecht, S. 223; *Tipke / Kruse,* § 173 Tz. 2; *Wolff / Bachof,* § 52 I.

[6] BFH BStBl. 1964 III, S. 308 (309); *Brandt-Pollmann,* BB 1981, S. 1209 (1212); *Hein,* BB 1978, S. 1768; *Tipke / Kruse,* § 173 Tz. 2; *Woerner / Grube,* S. 9.

[7] *Erichsen / Martens,* S. 211.

[8] *Thomas / Putzo,* § 322 Anm. 4, 5.

[9] *Erichsen / Martens,* S. 211; *Tipke,* Steuerrecht, S. 506.

Die Korrektur eines Steuerbescheides oder eines sonstigen Steuerverwaltungsaktes kann einerseits notwendig sein, um im Einzelfall die richtige Steuer festzusetzen. Das sich aus dem Rechtsstaatsprinzip ergebende Bedürfnis nach Rechtsrichtigkeit stünde dann im Vordergrund. Da eine Korrektur die Bestandskraft durchbricht, kann es andererseits notwendig sein, das Vertrauen des Steuerpflichtigen in den Bestand einer einmal getroffenen Entscheidung zu schützen. Das ebenfalls aus dem Rechtsstaatsprinzip abgeleitete Prinzip der Rechtssicherheit, auf dem sich der Vertrauensschutz des einzelnen aufbaut, müßte berücksichtigt werden[11].

Der materiell-rechtliche Zweck der Korrekturvorschriften liegt also darin, zwischen den aufgezeigten Interessenlagen und damit zwischen Rechtssicherheit und Rechtsrichtigkeit abzuwägen.

B. Die Korrekturvorschriften in der Abgabenordnung 1977

I. Die Unterscheidung zwischen allgemeinen und besonderen Korrekturvorschriften

Dem Aufbau der AO folgend, finden sich die wesentlichen Korrekturvorschriften in den Teilen „Allgemeine Verfahrensvorschriften" (§§ 129 bis 131 AO) und „Durchführung der Besteuerung" (§§ 172 ff. AO).

Während die §§ 129—131 AO Berichtigung, Rücknahme und Widerruf von Steuerverwaltungsakten im allgemeinen regeln, betreffen die §§ 172 ff. AO speziell die Korrektur von Steuerbescheiden und diesen gleichgestellten Bescheiden.

Die besonderen Vorschriften für Steuerbescheide verdrängen als spezielle Regelungen die allgemeinen Bestimmungen der §§ 130, 131 AO. Diese Auffassung läßt sich insbesondere aus § 172 Abs. 1 Nr. 2 d AO begründen. Denn dort wird die Anwendbarkeit der §§ 130, 131 AO auf Steuerbescheide ausgeschlossen[12].

§ 175 Abs. 1 Satz 1 Nr. 2 AO gehört den besonderen Korrekturvorschriften an.

Ein Vergleich der allgemeinen Korrekturnormen mit den besonderen zeigt, daß Steuerbescheide nur unter engeren Voraussetzungen auf-

---

[10] *Kruse*, Gesetzmäßige Verwaltung, tatbestandsmäßige Besteuerung, S. 93 (96, 109); *Paulick*, Allg. Steuerrecht, Rdnr. 167, 168; *Tipke*, Steuerrecht, S. 34.

[11] *Tipke*, Steuerrecht, S. 506; *Tipke / Kruse*, § 173 Tz. 2.

[12] § 172 Abs. 1 Nr. 2 d AO führt den § 129 AO nicht auf. Daher findet die Regelung für offenbare Unrichtigkeiten auch bei Steuerbescheiden und gleichgestellten Bescheiden Anwendung.

gehoben oder geändert werden können als andere Steuerverwaltungsakte. Die §§ 130, 131 AO stellen die Korrektur in das Ermessen („kann") der Behörden, während die §§ 172 ff. AO weitgehend die Pflicht hierzu normieren. Die §§ 130, 131 AO differenzieren zwischen begünstigenden und belastenden Verwaltungsakten und sehen danach unterschiedliche weitere Voraussetzungen für die Korrektur vor; die §§ 172 ff. AO treffen diese Unterscheidung nicht.

II. Die Gründe für die Unterscheidung zwischen allgemeinen und besonderen Korrekturvorschriften

Die Frage stellt sich, ob und weshalb besondere Korrekturvorschriften für Steuerbescheide geschaffen werden mußten.

Mit dem Steuerbescheid wird eine Steuer nach Art und Betrag festgesetzt (§ 155 Abs. 1 Satz 1 AO). Unterstellt, der Gesetzgeber hätte nur die allgemeinen Korrekturvorschriften erlassen, könnte ein rechtswidriger Steuerbescheid als belastender Verwaltungsakt nach § 130 Abs. 1 AO korrigiert werden. Die Behörde könnte ihn nach ihrem Ermessen ohne weitere Voraussetzungen mit Wirkung für die Zukunft oder für die Vergangenheit zurücknehmen. Ein rechtmäßiger Steuerbescheid könnte nach § 131 Abs. 1 AO grundsätzlich widerrufen werden, und zwar mit Wirkung für die Zukunft.

Folgende Konsequenzen würden sich hierbei ergeben:

— Nach Rücknahme des Steuerbescheides könnte ein rechtmäßiger Steuerbescheid erlassen werden, der eine noch höhere Steuer festsetzt; der Steuerpflichtige wäre somit nicht gegen Steuererhöhungen geschützt;

— sieht man die belastenden Akte insoweit als begünstigend an, als sie nicht eine rechtmäßige höhere Steuer festsetzen, könnten sie unter den Voraussetzungen des § 130 Abs. 2 AO zurückgenommen werden; der Vertrauensschutz, der hier in starkem Maße berücksichtigt wird, würde einer erhöhenden Berichtigung mit Wirkung für die Vergangenheit entgegenstehen.

Daraus wird ersichtlich, daß der Unterscheidung zwischen begünstigenden und belastenden Akten nur unter dem Aspekt des Vertrauensschutzes Bedeutung zukommt. Stünde der Vertrauensschutz auch bei der Korrektur von Steuerbescheiden im Vordergrund, wäre jeweils der Einzelfall für die Korrektur entscheidend, was der Gleichmäßigkeit der Besteuerung entgegenstehen würde.

Wäre es den Behörden erlaubt, zwischen Rechtsrichtigkeit und Rechtssicherheit abzuwägen, würde dies dazu führen, daß die einzelne Entscheidung im voraus nicht mehr berechenbar wäre[13]. Bei der Durchführung der Besteuerung könnten Ermessensentscheidungen gefällt werden. Die Steuerbehörden sind aber verpflichtet, die gesetzlich geschuldeten Steuern zu erheben[14]. Der Grundsatz der Gesetzmäßigkeit der Besteuerung und dessen verfahrensrechtliche Komponente, das Legalitätsprinzip (§ 85 AO), stehen Ermessensspielräumen insoweit entgegen.

Darüber hinaus spricht ein weiteres Argument für die Notwendigkeit besonderer Korrekturregelungen für Steuerbescheide: Die §§ 130, 131 AO orientieren sich an den Bestimmungen des VwVfG[15]. In den §§ 48, 49 VwVfG wurden die in der Rechtsprechung der Verwaltungsgerichte entwickelten Grundsätze zu Rücknahme und Widerruf zusammengefaßt. Die Entwicklung der Rechtsgrundsätze vollzog sich vor allem anhand von Verwaltungsakten mit Dauerwirkung[16]. Eine Besonderheit des Steuerrechts gegenüber dem Verwaltungsrecht liegt darin, daß abgeschlossene Tatbestände überwiegen[17], die eine Leistungspflicht des einzelnen entstehen lassen. Auch deswegen können die §§ 130, 131 AO mit ihren Unterscheidungen in begünstigende und belastende Akte und in Korrekturen für die Zukunft und für die Vergangenheit den Steuerbescheiden nicht gerecht werden.

Für Steuerbescheide wird seit jeher eine Ausnahme von dem Grundsatz anerkannt, nach dem belastende Verwaltungsakte generell zurückgenommen werden können[18]. Aus Gründen der Rechtsrichtigkeit ist eine Korrektur nur unter einschränkenden Voraussetzungen, die in den §§ 172 ff. AO enthalten sind, möglich. Das besondere Gewicht der Rechtsrichtigkeit[19] liegt darin begründet, daß der Steuerbescheid nach dem Festsetzungsverfahren in qualifizierter Form (§ 157 AO) ergeht. In dem vorangegangenen Verfahren konnten der Steuerpflichtige und die Finanzbehörde die Umstände ermitteln und überprüfen, die für den Umfang der Steuerpflicht erheblich sind[20]. Ein solches Verfahren bietet die Gewähr dafür, daß die daraufhin zustande gekommene Entscheidung

---

[13] *Tipke / Kruse*, § 130 Tz. 1; *Vogel*, Gutachten, S. 84.

[14] *Tipke*, Steuerrecht, S. 37; *Tipke / Kruse*, § 85 Tz. 2 c.

[15] Verwaltungsverfahrensgesetz vom 25. 5. 1976, BGBl. 1976 I, S. 1253.

[16] Gegenstand der Urteile waren zuerst Erlaubnisse und Konzessionen aus dem Polizei-, Gewerbe- und öffentlichen Sachenrecht, danach Leistungsbescheide aus dem Beamten- und Lastenausgleichsrecht. Vgl. *Hübschmann / Hepp / Spitaler (Spanner)*, vor § 130 Anm. 8; *Tipke / Kruse*, vor § 130 Tz. 4; *Vogel*, Gutachten, S. 81, 82.

[17] *Forsthoff*, S. 255; *Vogel*, Gutachten, S. 81; *Wendt*, JA 1980, S. 88.

[18] Der Grundsatz ist in § 130 Abs. 1 AO, § 48 Abs. 1 Satz 1 VwVfG verankert. Vgl. *Vogel*, Gutachten, S. 10, 74.

[19] *Knack (Klappstein)*, § 48 Rdnr. 8.33; *Koch (Förster)*, vor § 172 Rz. 1.

[20] *Tipke*, NJW 1962, S. 1041; *Tipke*, Steuer-Kongreß-Report 1965, S. 207.

nicht mehr abgeändert wird, vorausgesetzt, die Behörde kannte bei der Veranlagung die entscheidungserheblichen Umstände oder sie hätte diese kennen müssen[21].

Damit ist festzustellen, daß die besonderen Korrekturvorschriften notwendig sind und daß die engen Voraussetzungen der Korrektur, durch die ein erhöhter Schutz der Bestandskraft bewirkt wird, gerechtfertigt sind[22].

C. Sinn und Zweck der besonderen Korrekturvorschrift des § 175 Abs. 1 Satz 1 Nr. 2 AO

Ausgehend von der Feststellung, daß besondere Korrekturvorschriften erlassen werden mußten, um den Besonderheiten bei Steuerbescheiden gerecht werden zu können, erhebt sich die weitere Frage, ob und weshalb das Steuerrecht eine Bestimmung mit dem Inhalt des § 175 Abs. 1 Satz 1 Nr. 2 AO erfordert.

Durch den Steuerbescheid setzt die Finanzverwaltung die Steuern fest; sie konkretisiert den Steueranspruch nach Abschluß der Sachaufklärung. Die Ansprüche aus dem Steuerschuldverhältnis — dazu zählen u. a. auch Steuervergütungs- und -erstattungsansprüche (§ 37 Abs. 1 AO) — entstehen nur, wenn ein Tatbestand verwirklicht wird, an den ein Steuergesetz eine Leistungs- oder Erstattungspflicht knüpft (§ 38 AO). Die Finanzbehörden dürfen eine Besteuerung nur durchführen, wenn ein Gesetz sie anordnet (Grundsatz der Gesetzmäßigkeit der Besteuerung) und der Tatbestand dieses Gesetzes verwirklicht worden ist (Tatbestandsmäßigkeit der Besteuerung)[23]. Beide Prinzipien lassen sich als spezielle Formen des Grundsatzes der Gesetzmäßigkeit der Verwaltung aus dem Rechtsstaatsprinzip ableiten[24], dem aufgrund der engen Beziehungen zwischen Steuerpflichtigen und Finanzbehörden im Steuerrecht eine besondere Bedeutung zukommt[25].

Ein Sachverhalt, der unter einen Steuertatbestand subsumiert werden konnte, kann sich rückwirkend verändern oder ganz wegfallen.

---

21 *Fleiner*, S. 200.

22 Damit läßt sich gleichzeitig die bisweilen aufgeworfene Frage beantwort, ob die steuerrechtlichen Vorschriften über die Korrektur von Steuerbescheiden an die Regeln des allgemeinen Verwaltungsrechts inhaltlich angepaßt werden können (*Vogel*, Gutachten, S. 81; *Wendt*, JA 1980, S. 86, 88); sie muß verneint werden.

23 *Kruse*, Gesetzmäßige Verwaltung, tatbestandsmäßige Besteuerung, S. 93 (96, 109); *Kruse*, Steuerrecht, S. 37, 39; *Paulick*, Allgemeines Steuerrecht, Rdnr. 167, 168; *Tipke*, Steuerrecht, S. 34.

24 BVerfGE 19 S. 253 (257); 25 S. 213 (228); *Kruse*, Steuerrecht, S. 37, 39; *Tipke*, Steuerrecht, S. 34.

25 *Friauf*, StbJb 1977/78, S. 39 (44) spricht davon, daß der Steuerstaat „nur in den Formen strengster Rechtsstaatlichkeit verwirklicht" werden darf.

Beispielsweise kann die wirtschaftliche Durchführung eines bürgerlichrechtlichen Vertrages eine Steuerfolge auslösen. Wird der Vertrag später wirksam angefochten, so ist er von Anfang an als nichtig anzusehen (§ 142 Abs. 1 BGB). Dem wirtschaftlichen Vorgang ist die Grundlage mit Rückwirkung entzogen. Werden die wirtschaftlichen Folgen entsprechend der Rechtslage (§ 812 Abs. 1 BGB) rückgängig gemacht, fehlt dem Steueranspruch die tatbestandliche Grundlage. Der einmal entstandene Steueranspruch erlischt (§ 47 AO analog). Da kein gesetzlicher Tatbestand es den Finanzbehörden erlaubt, rechtmäßig vereinnahmte Steuern auch nach dem rückwirkenden Wegfall des besteuerten Sachverhalts weiterhin einzubehalten, ermöglicht es § 175 Abs. 1 Satz 1 Nr. 2 AO, den Grundsatz der Tatbestandsmäßigkeit der Besteuerung konsequent durchzuführen[26].

Dank dieser Vorschrift können die Behörden die Steuer den Sachverhaltsänderungen anpassen[27].

§ 175 Abs. 1 Satz 1 Nr. 2 AO gibt keine Antwort auf die Frage, welche Ereignisse den besteuerten Sachverhalt rückwirkend verändern können. Da die Norm zu den materiellrechtlichen Voraussetzungen schweigt, ist sie als reine Verfahrensvorschrift einzuordnen[28].

D. Allgemeine Voraussetzungen für die Anwendbarkeit des § 175 Abs. 1 Satz 1 Nr. 2 AO

Für die §§ 172 ff. AO — und damit auch für § 175 Abs. 1 Satz 1 Nr. 2 AO — sind die folgenden gemeinsamen Voraussetzungen zu beachten:

— Die Festsetzungsverjährung nach § 169 AO darf noch nicht eingetreten sein;

— es muß sich um Steuerbescheide oder ihnen gleichgestellte Bescheide handeln;

— die Bescheide dürfen nicht gemäß §§ 164, 165 AO vorläufig oder unter dem Vorbehalt der Nachprüfung ergangen sein.

---

[26] BFH BStBl. 1963 III, S. 309. Die hier gezogene Schlußfolgerung kommt auch in BFH HFR 1964, S. 11 (12) zum Ausdruck, wenn zu § 4 Abs. 3 Ziff. 2 StAnpG ausgeführt wird, daß die Vorschrift im Interesse der Richtigkeit und Gleichmäßigkeit der Besteuerung eine Anpassung an die veränderten Verhältnisse ermöglichen will. Aus dem Schrifttum vgl. *Woltmann*, S. 30.

[27] *Kühn / Kutter*, § 175 Anm. 3 a.

[28] *Hübschmann / Hepp / Spitaler (v. Wallis)*, § 175 Anm. 14; *Lagemann*, S. 139; *Tipke / Kruse*, § 175 Tz. 7. Zu § 4 Abs. 3 Ziff. 2 StAnpG vertraten *Hippe*, S. 183; *Judeich*, WPg 1958, S. 514 (517); *Potthast*, S. 37, die gleiche Auffassung.

Zur ersten Voraussetzung:

§ 169 Abs. 2 AO regelt die Festsetzungsfristen. Normalerweise beginnt die Festsetzungsverjährung mit der Entstehung des Steueranspruchs. Im Gegensatz dazu beginnt in den Fällen des § 175 Abs. 1 Satz 1 Nr. 2 AO die Festsetzungsfrist mit Ablauf des Kalenderjahres, in dem das Ereignis eintritt (§ 175 Abs. 1 Satz 2 AO). Ist die Festsetzungsfrist abgelaufen, kann die Steuer nicht mehr festgesetzt und nicht mehr korrigiert werden (§ 169 Abs. 1 Satz 1 AO)[29].

Zur zweiten Voraussetzung:

Die §§ 172 ff. AO setzen „Steuerbescheide“ voraus; dies sind Verwaltungsakte, durch die eine Steuer festgesetzt wird (§ 155 Abs. 1 AO). In der AO finden sich jedoch vielfach Verweisungen, durch die die Regelungen für Steuerbescheide auf andere Bescheide übertragen werden. Dadurch erweitert sich der Anwendungsbereich der §§ 172 ff. AO.

Den Steuerbescheiden gleichgestellte Bescheide sind:

— Steuerfreistellungsbescheide (§ 155 Abs. 1 Satz 3 AO);

— Bescheide, die eine Steuervergütung festsetzen (§ 155 Abs. 3 AO);

— Festsetzungsbescheide nach Anmeldung (§ 167 AO);

— Bescheide über die gesonderte Feststellung von Besteuerungsgrundlagen (§ 181 Abs. 1 AO);

— Bescheide über die Steuermeßbetragsfestsetzung (§ 184 Abs. 1 AO);

— Zerlegungsbescheide (§§ 188 Abs. 1 i. V. m. § 185 AO, welcher auf § 184 Abs. 1 Satz 3 AO verweist);

— Zuteilungsbescheide (§ 190 Satz 1, 2 i. V. m. §§ 185, 184 Abs. 1 Satz 3 AO);

— Kostenfestsetzungsbescheide nach besonderer Inanspruchnahme der Zollbehörden (§ 178 Abs. 4 AO);

— Bescheide über die Festsetzung von Zinsen (§ 239 Abs. 1 Satz 1 AO);

— Lohnsteuerjahresausgleichsbescheide (§ 42 Abs. 5 EStG).

Nicht anwendbar sind die §§ 172 ff. AO somit insbesondere auf Haftungs- und Duldungsbescheide (§ 191 AO) — für sie gelten die §§ 130, 131 AO — sowie für Aufteilungsbescheide, für die § 280 AO eine Sonderregelung enthält.

---

[29] Dazu umfassend *Höllig*, BB 1978, S. 33 ff. § 169 Abs. 1 Satz 1 AO regelt nur die verfahrensrechtliche Seite der Festsetzungsverjährung. Materiellrechtlich erlöschen die Steueransprüche nach § 47 AO.

Zur dritten Voraussetzung:

§ 172 Abs. 1 Nr. 2 d AO bestimmt, daß ein Steuerbescheid, sofern er nicht vorläufig oder unter dem Vorbehalt der Nachprüfung ergangen ist, korrigiert werden darf, „soweit dies sonst gesetzlich zugelassen ist". Da § 175 Abs. 1 Satz 1 Nr. 2 AO eine sonstige gesetzliche Regelung i. S. des § 172 Abs. 1 Nr. 2 d AO ist, gilt die Einschränkung des § 172 Abs. 1, 1. Halbsatz AO auch für Korrekturen infolge rückwirkender Ereignisse.

Die Steuerfestsetzung unter Vorbehalt der Nachprüfung (§ 164 AO) ermöglicht es den Finanzbehörden, einen Steuerpflichtigen aufgrund seiner Angaben bereits vor der Überprüfung der Steuererklärung zu veranlagen, wobei die spätere Überprüfung vorbehalten ist. Solange der Vorbehalt besteht, kann der Bescheid jederzeit bis zum Eintritt der Festsetzungsverjährung korrigiert werden (§ 164 Abs. 2 AO).

Vorher kann der Bescheid über die Festsetzung unter Vorbehalt nicht materiell bestandskräftig werden[30].

Eine Steuer wird vorläufig festgesetzt, wenn noch ungewiß ist, ob und wieweit ein Steuertatbestand verwirklicht wurde (§ 165 AO). Ein vorläufiger Steuerbescheid kann ebenfalls ohne weitere Voraussetzungen korrigiert werden.

---

[30] BFH BStBl. 1977 II, S. 126; *Woerner / Grube*, S. 53.

Steuerverwaltungsakte

Steuerbescheide (§ 155 Abs. 1 AO), gleichgestellte Bescheide

a) Steuerfreistellungsbescheide
§ 155 Abs. 1 Satz 3 AO

b) Bescheide, die eine Steuervergütung festsetzen
§ 155 Abs. 3 AO

c) Festsetzungsbescheide nach Anmeldung
§ 167 AO

d) Bescheide über die gesonderte Feststellung von Besteuerungsgrundlagen
§ 181 Abs. 1 AO

e) Bescheide über Steuermeßbetragsfestsetzung
§ 184 Abs. 1 AO

f) Zerlegungsbescheide
§§ 188 Abs. 1 i. V. m. § 185 AO

g) Zuteilungsbescheide
§ 190 Satz 1, 2 i. V. m.
§§ 185, 184 Abs. 1 Satz 3 AO

h) Kostenfestsetzungsbescheide nach besonderer Inanspruchnahme der Zollbehörden
§ 178 Abs. 4 AO

i) Bescheide über die Festsetzung von Zinsen
§ 239 Abs. 1 Satz 1 AO

j) Lohnsteuerjahresausgleichsbescheide
§ 42 Abs. 5 EStG

andere Steuerverwaltungsakte

a) Anordnung der Außenprüfung
§ 146 AO

b) Festsetzung von Verspätungszuschlägen
§ 152 AO

c) Haftungs- und Duldungsbescheide
§ 191 AO

d) Festsetzung von Säumniszuschlägen
§ 240 AO

e) Androhung und Festsetzung von Zwangsgeldern
§§ 328 ff. AO

f) Anforderung von Sicherheitsleistungen

g) Verwaltungsakte des Vollstreckungsverfahrens
§§ 249 ff. AO

h) Stundungen
§ 222 AO

i) Billigkeitserlaß
§ 227 AO
Erlaß, § 163 AO

j) Aussetzung der Vollziehung
§ 361 AO

k) Anrechnung von Steuerabzugsbeträgen und Vorauszahlungen auf die festgesetzte Steuerschuld

l) Abrechnungsverfügungen
§ 218 Abs. 2 AO

m) Zahlungsaufschub
§ 223 AO

n) Durchführungserleichterungen
§ 148 AO

Korrekturvorschriften
für

- Steuerbescheide und gleichgestellte Bescheide
  - § 129 AO
    Berichtigung von Schreib-, Rechenfehlern und ähnlichen offenbaren Unrichtigkeiten
  - §§ 164, 165 AO
    für vorläufig oder unter Vorbehalt der Nachprüfung ergangene Bescheide
- andere Steuerverwaltungsakte
  - § 129 AO
  - § 130 AO
    Rücknahme rechtswidriger Verwaltungsakte mit
    belastender Wirkung (Abs. 1)
    oder
    begünstigender Wirkung (Abs. 2)
  - § 131 AO
    Widerruf rechtmäßiger Verwaltungsakte mit
    belastender Wirkung (Abs. 1)
    oder
    begünstigender Wirkung (Abs. 2)

§ 172 AO

- § 172 Abs. 1 Nr. 1
  betr. Zölle und Verbrauchssteuern
- § 172 Abs. 1 Nr. 2a, b, c
  betr. Besitz- und Verkehrssteuern
- § 172 Abs. 1 Nr. 2d
  - — § 173 AO: bei neuen Tatsachen und Beweismitteln
  - — § 174 AO: bei widerstreitenden Steuerfestsetzungen
  - — § 175 Abs. 1 S. 1 Nr. 1 AO: nach Korrektur von Grundlagenbescheiden
  - — § 175 Abs. 1 S. 1 Nr. 2 AO: bei Ereignissen mit steuerlicher Wirkung für die Vergangenheit
  - — besondere Vorschriften in Einzelsteuergesetzen

Zweites Kapitel

Ereignisse mit steuerlicher Rückwirkung bei laufend veranlagten Steuern

A. Problemstellung

Die AO wird als „Steuergrundgesetz“ oder als „steuerrechtliches Mantelgesetz“ bezeichnet[1]. Sie enthält als allgemeiner Teil des Steuerrechts grundlegende Bestimmungen, die für alle oder zumindest für einen bestimmten Kreis von Steuern gelten[2].

Bevor der Anwendungsbereich des § 175 Abs. 1 Satz 1 Nr. 2 AO anhand seiner Tatbestandsmerkmale untersucht wird, stellt sich die Frage, ob die Vorschrift überhaupt für alle Steuerarten gilt.

Vor dem 1. Januar 1977, als noch das StAnpG galt, war problematisch, ob die §§ 4 Abs. 2 Ziff. 2, 5 Abs. 5 StAnpG — die Vorläufer des § 175 Abs. 1 Satz 1 Nr. 2 AO — auf laufend veranlagte Steuern Anwendung finden[3].

Hierzu wurde die Auffassung vertreten, daß bei laufend veranlagten Steuern nicht die ursprünglichen Steuerbescheide zu korrigieren seien, wenn ein rückwirkendes Ereignis nach Ablauf des Veranlagungszeitraumes eintritt; die erforderlichen Anpassungen müßten vielmehr in dem Veranlagungszeitraum vorgenommen werden, in dem das Ereignis tatsächlich eintritt[4].

Sofern die AO keinen Anhaltspunkt zu einer Lösung des Problems bietet, ergeben sich hinsichtlich des § 175 Abs. 1 Satz 1 Nr. 2 AO die gleichen Probleme wie zuvor bei den entsprechenden Vorschriften des StAnpG.

---

1 *Sudau / Lammerdig / Brauel (Sudau)*, S. 23.

2 *Tipke*, Steuerrecht, S. 14.

3 Offengelassen von BFH BStBl. 1960 III, S. 465; 1964 III, S. 184 (185); 1965 III, S. 391; 1967 III, S. 175 (177).

4 Vgl. z. B. BFH BStBl. 1968 II, S. 740 (a. E.).

B. Die steuerliche Rückwirkung

Wie bereits erwähnt[5], enthält § 175 Abs. 1 Satz 1 Nr. 2 AO nur die verfahrensrechtliche Handhabe, einen Steuerbescheid zu korrigieren, wenn ein Ereignis mit steuerlicher Rückwirkung eintritt. Die Vorschrift trifft aber keine Aussage darüber, bei welchen Ereignissen eine steuerliche Rückwirkung angenommen werden kann. Die Bestimmungen, die den jeweiligen Sachverhalt regeln, sind ausschlaggebend dafür, ob eine steuerliche Auswirkung für die Vergangenheit möglich ist. Sie finden sich in den Einzelsteuergesetzen (z. B. § 29 ErbStG) und in den allgemeinen Steuergesetzen (z. B. §§ 5—7 BewG, §§ 50 Abs. 1, 61 Abs. 3 AO)[6].

Besondere Bedeutung erlangt in diesem Zusammenhang § 41 Abs. 1 Satz 1 AO. Die systematisch zum Steuerschuldrecht gehörende Vorschrift lautet:

> „Ist ein Rechtsgeschäft unwirksam oder wird es unwirksam, so ist dies für die Besteuerung unerheblich, soweit und solange die Beteiligten das wirtschaftliche Ergebnis dieses Rechtsgeschäfts gleichwohl eintreten und bestehen lassen."

Sie enthält über ihren Wortlaut hinaus den Grundsatz, daß es für das Steuerrecht nicht auf die rein rechtliche Behandlung eines Vorganges ankommt, sondern auf dessen tatsächliche Abwicklung. Solange die Beteiligten aufgrund der bürgerlich-rechtlichen Unwirksamkeit das durchgeführte Geschäft nicht wirtschaftlich rückgängig machen, bleibt die bürgerlich-rechtliche Seite des Rechtsgeschäfts für das Steuerrecht ohne Auswirkung. Es kommt im Steuerrecht allein auf das wirtschaftliche „Ist" an[7]. § 41 Abs. 1 Satz 1 AO ist eine Ausformung des Grundsatzes wirtschaftlicher Betrachtungsweise[8].

Inwieweit stehen diese Ausführungen nun in einem Zusammenhang mit § 175 Abs. 1 Satz 1 Nr. 2 AO?

I. Das Verhältnis von § 175 Abs. 1 Satz 1 Nr. 2 AO zu § 41 Abs. 1 Satz 1 AO

§ 175 Abs. 1 Satz 1 Nr. 2 AO will Steuerfolgen an nachträgliche rückwirkende Sachverhaltsveränderungen anpassen. Durch die Sachverhaltsänderung muß dem Steueranspruch die tatbestandliche Grundlage ganz

---

[5] s. o. 1. Kap. C bei Fn. 28.

[6] Zu eng: *Koch*, § 175 Rz. 12; *Kurz*, StuW 1979, S. 243 (257); *Woerner / Grube*, S. 102. Diese Autoren halten nur die Einzelsteuergesetze für maßgeblich.

[7] *Tipke*, Steuerrecht, S. 106, 123.

[8] *Tipke / Kruse*, § 41 Tz. 1.

oder teilweise entzogen werden[9]. Das ist aber nur der Fall, wenn die wirtschaftlichen Folgen des besteuerten Sachverhaltes beseitigt werden. Demnach ist auch eine Korrektur nach § 175 Abs. 1 Satz 1 Nr. 2 AO solange und soweit nicht möglich, wie die Beteiligten an den wirtschaftlichen Folgen festhalten[10].

Die §§ 175 Abs. 1 Satz 1 Nr. 2 und 41 Abs. 1 Satz 1 AO sind demnach zusammen anzuwenden. Der § 41 Abs. 1 Satz 1 AO regelt die steuerschuldrechtlichen Voraussetzungen, die erfüllt sein müssen, damit ein Steuerbescheid überhaupt aufgrund der Verfahrensvorschrift des § 175 Abs. 1 Satz 1 Nr. 2 AO korrigiert werden kann[11]. Einem Ereignis kommt nur dann steuerliche Wirkung für die Vergangenheit zu, wenn die besteuerten Vorgänge auch wirtschaftlich rückabgewickelt werden.

II. Besonderheiten bei laufend veranlagten Steuern

Keine der beiden Vorschriften enthält eine Aussage zu dem Problem, ob bei laufend veranlagten Steuern Vorgänge nach dem Veranlagungszeitraum mit rückwirkender Kraft rückgängig gemacht werden können.

Aus der Tatsache, daß die §§ 175 Abs. 1 Satz 1 Nr. 2 AO und 41 Abs. 1 Satz 1 AO zusammen anzuwenden sind, kann man folgendes schließen: Obgleich Sachverhaltsänderungen rechtlich auf vergangene, abgeschlossene Veranlagungszeiträume einwirken, sollen sie — wie einleitend zu diesem Kapitel erwähnt — bei laufend veranlagten Steuern nur im laufenden Veranlagungszeitraum berücksichtigt werden können. Das bedeutet, daß die wirtschaftlichen Verhältnisse der früheren Veranlagungszeiträume nicht mehr verändert werden können. Eine Korrekturmöglichkeit würde daher ausscheiden.

Es ist also die Frage aufzuwerfen, ob die §§ 175 Abs. 1 Satz 1 Nr. 2, 41 Abs. 1 Satz 1 AO bei laufend veranlagten Steuern anwendbar sind.

---

[9] s. o. 1. Kap. C.

[10] *Thiel / Steinwachs,* S. 79 Anm. 33. Der BFH spricht dies in seinem Urteil vom 27. 1. 1982, DB 1982, S. 2555, ebenfalls aus, aber er erwähnt § 41 AO nicht.

[11] Die Vorgängervorschrift — § 5 Abs. 5 Satz 1 StAnpG — enthielt die verfahrensrechtliche und die materiellrechtliche Regelung. Sie lautete: „Soweit in den Fällen des Absatzes 3 das bereits eingetretene Ergebnis des nichtigen Rechtsgeschäftes nachträglich wieder beseitigt oder in den Fällen des Absatzes 4 das anfechtbare Rechtsgeschäft mit Erfolg angefochten worden ist, sind Steuerfestsetzungen und Steuerfeststellungen, die auf Grund des nichtigen oder anfechtbaren Rechtsgeschäfts erfolgt sind, zurückzunehmen oder zu ändern und entrichtete Steuern zu erstatten."

Die Absätze 3 und 4 des § 5 StAnpG bestimmten, daß nichtige und anfechtbare Rechtsgeschäfte solange und soweit für die Besteuerung ohne Bedeutung sind, als die wirtschaftlichen Folgen aufrechterhalten werden.

C. Begründungen zur Auffassung, die §§ 175 Abs. 1 Satz 1 Nr. 2, 41 Abs. 1 Satz 1 AO seien bei laufend veranlagten Steuern nicht anwendbar

Um diese Ansicht dogmatisch zu begründen, wurden viele Versuche unternommen.

In dem grundlegenden Urteil vom 9. 1. 1936[12] führte der RFH aus, daß ein erfolgreich angefochtenes Rechtsgeschäft dann nicht die Korrektur der Vermögensteuerveranlagung oder des Feststellungsbescheides zur Folge habe, wenn die Beteiligten es noch im Veranlagungs- oder Feststellungszeitpunkt als gültig behandeln. Es komme auf die Verhältnisse am Stichtag an. Nur wenn bereits am Stichtag Zweifel über die Rechtsgültigkeit des Geschäftes bestünden und eine vorläufige Veranlagung vorgenommen werde, dann könne die erfolgreiche Anfechtung zu einer Berichtigung des Bescheides führen.

Was der RFH auf die Vermögensteuer bezogen entschieden hatte, haben die Rechtsprechung[13] und ein Teil der Literatur[14] auf die Bilanzsteuern ausgedehnt.

Als die §§ 4 Abs. 3 Ziff. 2, 5 Abs. 5 StAnpG noch galten, wurde die Unanwendbarkeit dieser Vorschriften auf laufend veranlagte Steuern mit dem Wortlaut der Bestimmungen[15], mit dem Stichtags-[16] und mit dem Zuflußprinzip[17] begründet. Ferner wurde auf die praktischen Schwierigkeiten hingewiesen, die entstünden, wenn die genannten Vorschriften auch auf diese Steuern anwendbar wären[18]. Die Entscheidung des RFH führte darüber hinaus zu dem weiteren Argument, daß den Gründen, die für die Einführung der §§ 5—7 BewG maßgebend waren — danach entstehen laufend veranlagte Steuern unabhängig von späteren Ereignissen[19] — allgemeine Bedeutung für alle Steuerarten zukomme[20]. Schließlich — so wurde weiter geltend gemacht — bestünden

[12] RFH RStBl. 1936, S. 116 (LS, 117).

[13] BFH BStBl. 1959 III, S. 250 (251); 1968 II, S. 93 (94).

[14] *Becker / Riewald / Koch*, § 4 StAnpG Anm. 4 (3); *Hübschmann / Hepp / Spitaler (v. Wallis)*, § 175 Anm. 32; *Sudau / Lammerding / Brauel (Lammerding)*, S. 496.

[15] RFH RStBl. 1936, S. 116 (117); BFH BStBl. 1969 II, S. 432 (433); 1971 II, S. 375 (LS 2).

[16] RFH RStBl. 1932, S. 1098; 1935, S. 745 (747); 1936, S. 116 (117); Bd. 39, S. 14 (15); BFH BStBl. 1954 III, S. 4; 1968 II, S. 740; 1969 II, S. 432; 1971 II, S. 375 (378); wohl 1973 II, S. 591 (592); 1973 II, S. 593 (594); 1976 II, S. 656 (656).

[17] RFH RStBl. 1931, S. 526 (527); BFH BStBl. 1964 II, S. 184 (185); 1965 III, S. 67; 1969 II, S. 432 (433 a. E.); 1974 II, S. 540; 1975 II, S. 776 (777).

[18] RFH RStBl. 1936, S. 116 (118); BFH BStBl. 1968 II, S. 93 (94 a. E.); *Lange*, DStZ 1940, S. 350.

[19] RFH RStBl. 1936, S. 116 (118 a. E.); BFH BStBl. 1969 II, S. 432 (433); *Becker / Riewald / Koch*, § 4 StAnpG Anm. 4 (3); *Potthast*, S. 40.

bei laufend veranlagten Steuern Ausgleichsmöglichkeiten eigener Art[20]. Eine buchführungspflichtige Person, die nach den Grundsätzen ordnungsmäßiger Buchführung die Geschäftsvorfälle fortlaufend aufzuzeichnen habe, müsse die Rückgängigmachung eines Geschäftsvorfalls als neuen Vorgang verbuchen. Dieser buchmäßigen Behandlung nach den Grundsätzen ordnungsmäßiger Buchführung habe die steuerliche zu folgen[21].

D. Überprüfung der Argumente

Die aufgezeigten Begründungsversuche sollen nachfolgend auf ihre Stichhaltigkeit überprüft werden.

I. Der Wortlaut der Vorschriften

Aus dem Wortlaut des § 5 Abs. 5 Satz 1 StAnpG — „... Steuerfestsetzungen und Steuerfeststellungen, die auf Grund des nichtigen oder anfechtbaren Rechtsgeschäfts erfolgt sind, (sind) zurückzunehmen oder zu ändern ..." — zog der RFH[22] den Schluß, die Vorschrift erfasse nur solche Rechtsgeschäfte, die unmittelbar eine Besteuerung auslösen („auf Grund"); sie sei daher nur auf Verkehrsteuern anwendbar.

Diesem Argument, dem der BFH folgte[23], kann nicht beigetreten werden. Gehört ein Rechtsgeschäft zu den Tatbestandsvoraussetzungen für eine Verkehrsteuer und ist bzw. wird dieses Rechtsgeschäft rückwirkend unwirksam, fehlt es an der Tatbestandsverwirklichung. Bereits aus dem Grundsatz der Tatbestandsmäßigkeit der Besteuerung[24] folgt, daß erhobene Verkehrsteuern dann erstattet werden müssen. § 5 Abs. 5 Satz 1 StAnpG wäre demnach bei der vom RFH vertretenen engen Auslegung überflüssig gewesen. Wäre die Vorschrift nur auf Rechtsgeschäfte anwendbar gewesen, die unmittelbar besteuert werden, hätte auch nicht besonders darauf abgestellt werden müssen, daß die wirtschaftlichen Ergebnisse des Geschäftes zu beseitigen sind[25]. Darüber hinaus ließ der Wortlaut des § 5 Abs. 5 Satz 1 StAnpG keinen Anhaltspunkt für eine derartige Auslegung erkennen. Demgemäß hielten selbst Vertreter der Auffassung, § 5 Abs. 5 Satz 1 StAnpG sei auf laufend veranlagte Steuern nicht anwendbar, das Argument für nicht zwingend[26].

---

20 *Lange*, DStZ 1940, S. 350.

21 Angedeutet in BFH BStBl. 1954 III, S. 4; *Boettcher*, StuW 1931, Sp. 647; *Hoffmann*, FR 1959, S. 250; *Mittelbach*, Steuererstattungen, S. 169; *Potthast*, S. 41.

22 RFH RStBl. 1936, S. 116 (117).

23 BFH BStBl. 1959 III, S. 250 (251); 1969 II, S. 432 (433); 1971 II, S. 375 (LS).

24 s. o. 1. Kap. C.

25 *Wiebe*, S. 66.

Abgesehen davon erhielten die Nachfolgevorschriften, die §§ 175 Abs. 1 Satz 1 Nr. 2, 41 Abs. 1 Satz 1 AO, einen anderen Wortlaut, der eine Auslegung, wie sie der RFH vornahm, nicht mehr zuläßt.

II. Das Stichtagsprinzip

Bei den laufend veranlagten Steuern gilt das Stichtagsprinzip. Die Steuer wird jeweils für einen bestimmten Veranlagungszeitraum festgesetzt[27]. Dessen Abschlußzeitpunkt ist der Stichtag. Die Steuerschuld entsteht an einem bestimmten Stichtag. Danach eintretende unerwartete Vorgänge können im abgelaufenen Veranlagungszeitraum nicht mehr berücksichtigt werden[28]. Da die wirtschaftlichen Verhältnisse zum Stichtag der Besteuerung zugrunde gelegt werden, kann die einmal entstandene Steuerschuld auch nicht mehr geändert werden.

Mit diesen Folgen des Stichtagsprinzips wurde die Meinung begründet, § 5 Abs. 5 Satz 1 StAnpG bzw. die §§ 175 Abs. 1 Satz 1 Nr. 2, 41 Abs. 1 Satz 1 AO seien bei laufend veranlagten Steuern nicht anwendbar[29].

Bei laufend veranlagten Steuern werden nicht einzelne Vorgänge besteuert. Es werden Veranlagungszeiträume gebildet. Da die wiederkehrenden Veranlagungszeiträume jeweils abzuschließen sind, kommt es entscheidend auf die Verhältnisse an, die bis zu einem Stichtag eingetreten sind[30].

Das Stichtagsprinzip ergibt sich also aus dem Gegenstand der Besteuerung. Veranlagungstechnische Gründe[31] sind dafür entscheidend. Dies sagt aber nichts darüber aus, ob am Stichtag nur auf rein tatsächliche Umstände oder auch auf rechtliche Gegebenheiten bei der Bilanzierung und Bewertung der Wirtschaftsgüter abzustellen ist[32]. Als veranlagungstechnisches Prinzip kann das Stichtagsprinzip auch nicht bewirken, daß ein Steuerpflichtiger gehindert sein soll, seine rechtlichen Gestaltungsmittel, wie beispielsweise die ex tunc wirkende Anfechtung, einzusetzen.

---

[26] Z. B. *Potthast*, S. 40.

[27] In der Regel ist der Veranlagungszeitraum mit dem Kalenderjahr identisch (§§ 25 EStG 1979, 7 Abs. 3 KStG 1981, 16 Abs. 1 UStG); ausnahmsweise weicht er davon ab (§ 4 a EStG, 15 VStG, 16 Abs. 2 GewStG).

[28] *Falterbaum*, S. 341 f.

[29] *Becker / Riewald / Koch*, § 4 StAnpG Anm. 4 (3); vgl. die in Fn. 16 angegebenen Fundstellen.

[30] *Beker*, S. 34; *Falterbaum*, S. 341.

[31] *Tipke*, Steuerrecht, S. 229.

[32] *Beker*, S. 34.

Daher kann aus dem Stichtagsprinzip nicht hergeleitet werden, daß die §§ 175 Abs. 1 Satz 1 Nr. 2, 41 Abs. 1 Satz 1 AO nur eingeschränkt anwendbar seien[33].

III. Praktische Schwierigkeiten

Die Geltung dieser Vorschriften bei laufend veranlagten Steuern wird weiter mit der folgenden Erwägung verneint: Für die Finanzämter sollen die praktischen Schwierigkeiten vermieden werden, die bei einer Korrektur von Steuerbescheiden über laufend veranlagte Steuern entstünden.

Fällt aber der Steuertatbestand nach bestandskräftiger Veranlagung ganz oder teilweise weg und wird eine Korrekturvorschrift, die gerade diesen Sachverhalt regeln will, nur wegen des „unverhältnismäßigen Verwaltungsaufwands" nicht angewendet, dann verstößt diese Auffassung gegen Art. 20 Abs. 3 GG, der alle staatliche Gewalt an Gesetz und Recht bindet[34]. Würde sich die Korrektur für den Steuerpflichtigen vorteilhaft auswirken, müßten Bedenken auch im Hinblick auf Art. 14 GG erhoben werden. Denn Art. 14 Abs. 1 GG schützt das Gesamtvermögen des einzelnen in seinem wechselnden Bestand[35]. Die Steuergesetze bestimmen Inhalt und Schranken des Eigentums (Art. 14 Abs. 1 Satz 2 GG[36]). Würde nun eine Steuererstattung abgelehnt werden, obwohl die Behörden hierzu verpflichtet sind, wäre das Grundrecht auf Eigentum verletzt, da die entsprechenden Beträge ohne gesetzliche Grundlage einbehalten werden würden.

Daher ist es m. E. nicht vertretbar, mit „praktischen Schwierigkeiten" zu argumentieren.

IV. Der Rechtsgedanke der §§ 4—7 des Bewertungsgesetzes (BewG)

Die §§ 4—7 BewG veranlaßten die Rechtsprechung und einige Autoren[37] zu folgender Überlegung: Laufend veranlagte Steuern entstehen unabhängig davon, daß später den Steuertatbestand beeinflussende Bedingungen eintreten. Daraus könne abgeleitet werden, daß der Tatbestand der Besteuerung endgültig so unterliege, wie er am Stichtag

---

[33] *Beker*, S. 34; *Benne*, BB 1980, S. 1846 (1847); *Gaffron*, DB 1971, S. 297 (300); *Rössler / Troll / Langner* (11. Aufl.), S. 116; *Seweloh*, StuW 1932, Sp. 1683 (1703).

[34] Auch *Beker*, S. 31, 38; *Lagemann*, S. 167; *Potthast*, S. 40, vertreten die Auffassung, diese Argumentation sei mit dem Rechtstaatsprinzip unvereinbar.

[35] *Kirchhof / v. Arnim*, VVDStRL 1980, S. 213 (236, 300).

[36] *Kirchhof / v. Arnim*, VVDStRL 1980, S. 258; BVerfGE 19, S. 253 (267).

[37] BFH BStBl. 1959 III, S. 250 (251); 1962 III, S. 19 (20); 1969 II, S. 432 (433); *Becker / Riewald / Koch*, § 4 StAnpG Anm. 4 (3); *Potthast*, S. 40, 57.

vorgelegen habe, d. h. ohne Berücksichtigung der aufschiebenden bzw. auflösenden Bedingung.

Die Ausdehnung dieser Vorschriften des BewG auf alle laufend veranlagten Steuern begegnet indessen Bedenken[38]. Einmal gelten die allgemeinen Bewertungsvorschriften nach § 1 Abs. 2 BewG insoweit nicht, als im Bewertungsgesetz selbst oder in anderen Steuergesetzen besondere Bewertungsvorschriften enthalten sind. Da die §§ 6 EStG, 10 UStG Bewertungsfragen selbständig regeln, kommt den §§ 4—7 BewG im Einkommen-, Körperschaft- und Umsatzsteuerrecht nur geringe Bedeutung zu[39], so daß sie aus diesem Grunde bereits nicht generell bei laufend veranlagten Steuern gelten können. Zum anderen regeln die §§ 4—7 BewG Fälle, in denen sich die Schwebezustände auf rechtsgeschäftlich vereinbarte Bedingungen gründen. Der Begriff der Bedingung ist den §§ 158 ff. BGB entnommen worden[40]; ihrem Eintritt kommt jedoch keine rückwirkende Kraft zu[41]. § 175 Abs. 1 Satz 1 Nr. 2 i. V. m. § 41 Abs. 1 Satz 1 AO erfaßt dagegen rückwirkende Ereignisse. Auch die gesetzgeberische Begründung zum BewG[42], nach der beim Eintritt einer Bedingung die vorausgegangenen Veranlagungen aus Gründen der Praktikabilität nicht wieder aufgegriffen werden sollen, geht nur vom Fall der Bedingung aus und nicht darüber hinaus von rückwirkenden Ereignissen.

Demnach läßt sich aus den §§ 4—7 BewG nicht herleiten, daß rückwirkende Ereignisse nur zu einer Korrektur im laufenden Veranlagungszeitraum führen können.

V. Das Zuflußprinzip

Wenn die eingeschränkte Anwendbarkeit der §§ 175 Abs. 1 Satz 1 Nr. 2, 41 Abs. 1 Satz 1 AO mit dem Zuflußprinzip dogmatisch zu begründen versucht wird, so wird behauptet, § 11 EStG würde als spezielle Norm die allgemeinen Vorschriften der AO verdrängen[43]. Da aber die genannten Bestimmungen nicht den gleichen Grundsachverhalt regeln — § 11 EStG befaßt sich nur mit der Frage, zu welchem Zeitpunkt Einnahmen und Ausgaben bei der Einkommensermittlung zu berücksichtigen sind —, stehen sie nicht im Verhältnis der Spezialität zueinander. Da das Zuflußprinzip lediglich für das Einkommensteuer-

[38] *Beker*, S. 32; *Benne*, BB 1980, S. 1846 (1847); *Lagemann*, S. 166 f.; *v. Beckerath*, DStR 1973, S. 743 (744).

[39] *Rössler / Troll / Langner*, § 1 BewG Anm. 6.

[40] *Falterbaum / Barthel*, S. 78, 85.

[41] *Larenz*, Allg. Teil, § 25 IV; *Palandt (Heinrichs)*, § 159 Anm. 1.

[42] RT-Drucksache 1928 Nz 568, S. 249 — bei *Dziegalowski / Thümen*, S. 96 f.

[43] BFH BStBl. 1964 III, S. 184 (185).

recht in § 11 EStG geregelt ist und innerhalb der Arten der Einkünfte-Ermittlung nur bei den Überschußeinkünften und bei der Betriebseinnahmen/-ausgaben-Überschußrechnung nach § 4 Abs. 3 EStG gilt (§ 11 Abs. 1 Satz 4 EStG), kann mit ihm nicht die generelle Unanwendbarkeit der o. g. AO-Vorschriften bei laufend veranlagten Steuern begründet werden[44].

Jedoch könnte das Zuflußprinzip im Rahmen seines Anwendungsbereichs die Geltung der §§ 175 Abs. 1 Satz 1 Nr. 2, 41 Abs. 1 Satz 1 AO ausschließen. Die Antwort hängt vom Begriff „Zufluß" ab.

Aus dem Wortlaut des § 11 Abs. 1 Satz 1 EStG ergibt sich, daß dem Steuerpflichtigen die Einnahmen zugeflossen sein müssen. Dieser Zufluß muß die wirtschaftliche Leistungsfähigkeit des Steuerpflichtigen stärken[45]; das folgt aus dem Einnahmenbegriff, der alle in Geld oder in Geldeswert bestehenden Güter umfaßt (§ 8 Abs. 1 EStG). Die wirtschaftliche Leistungsfähigkeit ist dann bereits gestärkt, wenn der Steuerpflichtige über die Einnahmen verfügen kann[46]. Demnach ist der Begriff „Zufluß" — gleiches gilt für den „Abfluß" — rein wirtschaftlich auszulegen[47]. Allein die tatsächlichen Vorgänge sind hierfür entscheidend[48]. Demnach ist es für den Zu- oder Abfluß unerheblich, wenn der Rechtsgrund für die Einnahme oder Ausgabe im Zeitpunkt des Geschäftsvorfalls schon nicht mehr besteht oder später mit Rückwirkung wegfällt. Dies gilt selbst dann, wenn beim Zufluß bereits feststeht, daß die Einnahmen später wieder zurückgezahlt werden müssen[49]. Daraus erklärt sich, daß die Rückzahlung in einem späteren Jahr den Zufluß in einem früheren steuerlich nicht aufhebt[50].

Da die tatsächlichen Güterbewegungen steuerlichen Zwecken genügen, wird der Begriff „Zufluß" nicht zusätzlich vom bürgerlichen Recht geprägt[51]. Ein Wirtschaftsgut behalten zu dürfen, gehört nicht zu seinen Voraussetzungen[52]. Demzufolge kann eine „Einnahme" nicht mit der

---

[44] *Tipke / Kruse*, § 41 Tz. 2 (a. E.).

[45] BFH BStBl. 1974 II, S. 540 (540).

[46] BFH BStBl. 1975 II, S. 776 (777); *Falterbaum*, S. 578.

[47] *Blümich / Falk*, § 11 Rz. 11; *Herrmann / Heuer / Raupach*, § 11 EStG Anm. 5; Littmann, § 11 Rdnr. 2.

[48] RFH RStBl. 1931, S. 526 (527, 528); *Blümich / Falk*, § 11 Rz. 10, 55; *Herrmann / Heuer / Raupach*, § 11 EStG Anm. 5, 30.

[49] BFH BStBl. 1963 III, S. 132; BFH BStBl. 1974 II, S. 540 (541).

[50] RFH RStBl. 1931, S. 526 (527); BFH BStBl. 1964 III, S. 184 (185); 1974 II, S. 540 (541); 1975 II, S. 776 (778). Dies gilt gleichermaßen für laufende und einmalige Einkünfte; vgl. BFH BStBl. 1974 II, S. 540 (541).

[51] BFH BStBl. 1974 II, S. 540 (540).

[52] RFH RStBl. 1931, S. 526 (527); BFH BStBl. 1964 III, S. 184 (185); 1974 II, S. 540 (540).

Begründung verneint werden, sie sei (rechts-)grundlos erfolgt und stünde daher ohne wirtschaftliche Beziehung im Raume[53].

Somit steht § 11 EStG einer wirtschaftlichen Rückgängigmachung i. S. des § 41 Abs. 1 Satz 1 AO und auch § 175 Abs. 1 Satz 1 Nr. 2 AO entgegen.

Es bleibt danach festzuhalten, daß das Zuflußprinzip die Anwendbarkeit der §§ 175 Abs. 1 Satz 1 Nr. 2, 41 Abs. 1 Satz 1 AO bei laufend veranlagten Steuern nicht generell, wohl aber für den Regelungsbereich des § 11 EStG auszuschließen vermag[54].

VI. Die Grundsätze ordnungsmäßiger Buchführung

1. Allgemeine Ausführungen zu den Grundsätzen

Zu § 5 Abs. 5 Satz 1 StAnpG hat der BFH wiederholt ausgesprochen, daß die §§ 4, 5 EStG als Sondervorschriften die allgemeinen Regelungen verdrängten[55]. Die erwähnten Vorschriften des EStG enthalten Bestimmungen über die Gewinnermittlung durch Betriebsvermögensvergleich, nicht jedoch über Korrekturen. Wegen des unterschiedlichen Sachverhaltes, den die Regelungen betreffen, liegt — ebenso wie bei § 11 EStG — keine Spezialität vor. Gleiches gilt für das Verhältnis der §§ 175 Abs. 1 Satz 1 Nr. 2, 41 Abs. 1 Satz 1 AO zu den §§ 4, 5 EStG. Es ist allenfalls möglich, daß spezielle Regelungen im Einkommensteuerrecht eine Rückgängigmachung von Ereignissen mit steuerlicher Wirkung und damit die Anwendbarkeit der genannten AO-Vorschriften verhindern können.

Da § 5 Abs. 1 EStG auf die Grundsätze ordnungsmäßiger Buchführung verweist, soll zunächst deren Inhalt geklärt werden, bevor auf die Möglichkeiten eingegangen wird, Vorgänge steuerlich rückgängig zu machen.

Einer der in diesem Zusammenhang interessierenden Grundsätze besagt, daß die Geschäftsvorfälle einzeln, lückenlos und unverzüglich und damit fortlaufend und periodengerecht aufzuzeichnen sind[56], ein anderer, daß Gewinne erst dann ausgewiesen werden dürfen, wenn sie sich in einem Umsatzprozeß realisiert haben[57]. Dagegen können bzw.

---

[53] Eine „Einnahme" verneinen mit dieser Begründung: *Beker,* S. 33, 37; *Judeich,* BB 1961, S. 673 (675).

[54] *Brosch,* DB 1967, S. 2000 (2000); *Tipke / Kruse,* § 41 Tz. 2 (a. E.); Fin.Min.-Schleswig-Holstein (S. 2399 — 1 VI 52), Inf. 1968, S. 81.

[55] BFH BStBl. 1968 II, S. 93 (94); 1978 II, S. 191 (192 u.).

[56] *Baumbach / Duden / Hopt,* § 38 Anm. 5; *Leffson,* S. 144 f., 151.

[57] *Leffson,* S. 226; *Wöhe,* JuS 1976, S. 77 (77).

müssen Verluste ausgewiesen werden, auch wenn sie sich noch nicht verwirklicht haben[58] (Imparitätsprinzip).

Demnach ist es nicht möglich, eine Stornobuchung vorzunehmen, wenn ein Geschäftsvorfall in einem nachfolgenden Wirtschaftsjahr rückgängig gemacht wird. Wirtschaftliche Ergebnisse eines Geschäftes können demnach nicht rückwirkend beseitigt werden.

Nach dem in § 5 Abs. 1 EStG verankerten Grundsatz der Maßgeblichkeit der Handels- für die Steuerbilanz[59] hat die steuerliche Behandlung der buchmäßigen grundsätzlich zu folgen[60]. Der Grundsatz der Maßgeblichkeit der Handels- für die Steuerbilanz gilt aber nur, sofern keine speziellen Steuerbestimmungen eingreifen[61].

2. *Ausnahmeregelungen zum Maßgeblichkeitsgrundsatz*

Eine derartige Spezialregelung könnte in § 4 Abs. 2 EStG enthalten sein. Denn § 5 Abs. 4 EStG sieht ausdrücklich vor, daß die Vorschriften über die Bilanzänderung auch bei der Gewinnermittlung nach § 5 Abs. 1 EStG zu befolgen sind. Nach § 4 Abs. 2 EStG darf der Steuerpflichtige die Bilanz „ändern", nachdem er sie beim Finanzamt eingereicht hat, soweit sie den Grundsätzen ordnungsmäßiger Buchführung unter Befolgung der einkommensteuerrechtlichen Vorschriften nicht entspricht. Darüber hinaus bedarf eine Bilanzänderung der Zustimmung des Finanzamtes.

Entgegen dem Wortlaut der Vorschrift bezeichnet die Praxis den in § 4 Abs. 2 Satz 1 EStG umschriebenen Sachverhalt als „Bilanzberichtigung"[62].

a) Bilanzberichtigung

Eine Bilanz darf berichtigt werden, wenn der Steuerpflichtige so, wie er bilanziert hat, nicht hätte bilanzieren dürfen. Voraussetzung ist also ein unrichtiger Bilanzansatz[63]. Die Frage, ob sich die Richtigkeit nach objektiven oder subjektiven Kriterien bestimmt, wird von der h. M. im letzteren Sinne beantwortet[64].

---

[58] *Falterbaum*, S. 434.

[59] *Falterbaum*, S. 300; *Tipke*, Steuerrecht, S. 210.

[60] *Boettcher*, StuW 1931, Sp. 643 (647); *Hoffmann*, FR 1959, S. 250; *Mittelbach*, Steuererstattungen, S. 169.

[61] *Herrmann / Heuer / Raupach*, § 5 EStG Anm. 49 g (1).

[62] *Falterbaum*, S. 613; *Littmann*, §§ 4, 5 EStG Rdnr. 175; Abschnitt 15 Abs. 1 EStR.

[63] *Blümich / Falk*, § 4 S. 38; *Falterbaum*, S. 613; Abschnitt 15 Abs. 1 EStR.

[64] BFH BStBl. 1961 III, S. 3 (4); 1973 II, S. 860 (861); 1976 II, S. 88 (92); *Falterbaum*, S. 614; *Federmann*, S. 98; *Hermann / Heuer / Raupach*, § 4 EStG Anm. 75 a; *Littmann*, §§ 4, 5 EStG Rdnr. 176; *Sauer*, StuW 1975, S. 19 (26).

Hierzu führt der BFH[65] aus, daß Handels- und Steuerrecht von dem Steuerpflichtigen nicht mehr verlangen können, als daß er seine bis zur Aufstellung der Bilanz erlangte Kenntnis von dem am Bilanzstichtag vorliegenden Sachverhalt pflichtgemäß und gewissenhaft bei der Bilanzaufstellung verwerte. Kenne er in diesem Zeitpunkt Tatsachen nicht, die seine Ansätze als nicht vollwertig erscheinen lassen, so könne er nicht verpflichtet werden, die von ihm nach bestem Wissen aufgestellte Bilanz zu berichtigen, wenn er später diese Kenntnis erlange. Hat demnach ein Kaufmann den Sachverhalt so sorgfältig wie möglich festgestellt und sämtliche verfügbaren Erkenntnisquellen benutzt[66], dann ist die Bilanz richtig. Daraus ergeben sich folgende Konsequenzen:

Ist ein Geschäft schwebend unwirksam, hängt die Bilanzierung des entsprechenden Wirtschaftsgutes davon ab, wie der Steuerpflichtige die Wahrscheinlichkeit einschätzt, mit der das klärende Ereignis eintritt. Kennt er die Umstände nicht, die zur schwebenden Unwirksamkeit des Rechtsgeschäftes führen, dann ist der mit der Durchführung des Vorganges verbundene Erfolg in die Bilanz einzustellen. Durch den späteren Eintritt der Unwirksamkeit wird die Bilanz nicht unrichtig.

Befindet sich der Steuerpflichtige bereits bei Bilanzerstellung in Ungewißheit über die Wirksamkeit des Geschäftes, kann er dem möglicherweise eintretenden Verlust durch entsprechende Rückstellungen in der Bilanz begegnen. Der wirtschaftliche Erfolg wird gewinneutral verbucht; der Eintritt der Unwirksamkeit berührt die Bilanz nicht mehr.

Ist ein Geschäft bereits unwirksam oder tritt die Unwirksamkeit später rückwirkend ein, entspricht die vollwertige Bilanzierung des Wirtschaftsgutes dann den tatsächlichen Verhältnissen am Bilanzstichtag, wenn der Steuerpflichtige keine Kenntnis von der eingetretenen oder eintretenden Unwirksamkeit des Rechtsgeschäftes hat. Die Bilanz ist auch unter diesen Voraussetzungen richtig.

Wenn eine Gruppe von Autoren auf die Wahrscheinlichkeit abstellt, daß ein Rechtsgeschäft — etwa infolge einer Anfechtungslage — einmal rückgängig gemacht wird und damit die Unrichtigkeit der Bilanz begründet[67], fließen objektive Kriterien ein, auf die es nach der Rechtsprechung bei der Frage der Richtigkeit einer Bilanz jedoch nicht ankommt.

---

[65] BFH BStBl. 1961 III, S. 3 (4); BFH BStBl. 1976 II, S. 88 (92).

[66] *Benne*, BB 1980, S. 1846 (1849); *Littmann*, §§ 4, 5 EStG Rdnr. 176.

[67] So *Beker*, S. 33, 35, der von einem anfänglich vorliegenden wirtschaftlichen Mangel spricht; *Benne*, BB 1980, S. 1846 (1848); *v. Beckerath*, DStR 1973, S. 743 (744).

Als Zwischenergebnis kann somit festgestellt werden, daß in allen Fällen die Bilanz zum Stichtag richtig ist und durch die späteren Ereignisse nicht unrichtig wird. Sie kann also nicht berichtigt werden.

b) Bilanzänderung

Eine Bilanzänderung ist möglich, wenn ein zulässiger richtiger Bilanzansatz durch einen anderen, gleichfalls zulässigen Ansatz ersetzt werden kann; sie setzt ein Bilanzierungswahlrecht voraus[68].

Die Möglichkeit, ein ex nunc oder ex tunc unwirksames Rechtsgeschäft rückgängig zu machen, begründet jedoch kein Wahlrecht dahingehend, den wirtschaftlichen Erfolg in die Bilanz einzustellen oder nicht. Vielmehr muß jeder Geschäftsvorfall, der nach der Kenntnis des Steuerpflichtigen als endgültig angesehen und wirtschaftlich durchgeführt wird, bilanziert werden. Außerdem darf sich eine Bilanzänderung nur auf die Bewertung von Betriebsvermögensgegenständen beziehen[69].

Die Erfordernisse für eine Bilanzänderung sind demnach ebenfalls nicht gegeben.

c) Die §§ 175 Abs. 1 Satz 1 Nr. 2, 41 Abs. 1 AO als Ausnahmevorschriften?

Teilweise wird die Frage aufgeworfen, ob nicht die §§ 175 Abs. 1 Satz 1 Nr. 2, 41 Abs. 1 AO eine gesetzliche Ausnahme vom Grundsatz der Maßgeblichkeit der Handels- für die Steuerbilanz normieren[70].

Der Maßgeblichkeitsgrundsatz besagt, daß alle Posten, die nach den handelsrechtlichen Grundsätzen ordnungsmäßiger Buchführung angesetzt werden müssen, auch in der Steuerbilanz auszuweisen sind. Demzufolge müssen die Aktiv- und Passivposten, die in der Handelsbilanz anzusetzen sind, grundsätzlich auch in der Steuerbilanz mit gleichem Wert angesetzt werden[71].

Steuerrechtliche Ausnahmebestimmungen hierzu sind möglich[72], aber in den §§ 175 Abs. 1 Satz 1 Nr. 2, 41 Abs. 1 Satz 1 AO nicht enthalten.

Diese Vorschriften der Abgabenordnung enthalten keine Regelungen über Bilanzansätze und deren Bewertung. Sie erkennen im Grundsatz

---

[68] BFH BStBl. 1953 III, S. 354 (360); 1976 II, S. 88 (93); *Herrmann / Heuer / Raupach,* § 4 EStG Anm. 74; *Littmann,* §§ 4, 5 EStG Rdnr. 193.

[69] BFH BB 1981, S. 1500.

[70] *Benne,* BB 1980, S. 1846 (1849 a. E.); *v. Beckerath,* DStR 1973, S. 743 (zu § 5 StAnpG); wohl *Kottke,* DStR 1982, S. 545 (550).

[71] *Falterbaum,* S. 300 f.; *Thiel,* S. 49; *Tipke,* Steuerrecht, S. 230; *Wöhe,* JuS 1975, S. 768 (772).

[72] *Falterbaum,* S. 300; *Wöhe,* JuS 1975, S. 768 (773).

an, daß Geschäfte mit steuerlicher Wirkung rückgängig gemacht werden können; allerdings enthalten sie keine Aussage über eine bilanzielle Behandlung derartiger Vorgänge.

3. *Zwischenergebnis*

In der Bilanzberichtigung und in der Bilanzänderung erschöpfen sich die technischen Möglichkeiten, eine Bilanz nach dem Stichtag zu korrigieren. Da die §§ 175 Abs. 1 Satz 1 Nr. 2, 41 Abs. 1 Satz 1 AO eine weitere verfahrensmäßige Handhabe nicht bieten[73], kann ein verbuchter Geschäftsvorgang nach Bilanzerstellung grundsätzlich nicht mehr rückwirkend beseitigt werden. Die Voraussetzungen für eine Bilanzberichtigung oder -änderung liegen in solchen Fällen ebenfalls nicht vor. Daher bleibt es beim Grundsatz der Maßgeblichkeit der Handels- für die Steuerbilanz.

4. *Überprüfung des Zwischenergebnisses*

Bevor die Tragweite des bisher gefundenen Ergebnisses untersucht wird, soll es auf seine Vereinbarkeit mit den Grundgedanken der Bilanz, mit dem Gegenstand der Einkommensteuer und mit tragenden Prinzipien des Steuerrechts überprüft werden.

a) Bilanzzwecke

Die Aufgaben der Handelsbilanz bestehen darin, die Gläubiger zu schützen und Geschäftsgang, Vermögensstand und Ertragslage darzustellen (§ 149 Abs. 1 Satz 2 AktG). Den gleichen Zwecken dient das Gebot, die Geschäftsvorfälle fortlaufend zu verbuchen[74].

Da Veränderungen sich nur in den laufenden und künftigen Geschäftsjahren auswirken können, ist es nur konsequent, wenn das Handelsrecht keine besondere Regelung für rückwirkende Ereignisse vorsieht[75].

Die Steuerbilanz dient der periodengerechten Gewinnermittlung und liefert so die Grundlage für die Besteuerung von Einkünften aus Land- und Forstwirtschaft (vgl. §§ 13a Abs. 1 Satz 1 Nr. 1, 4a EStG, 141 AO) und Gewerbebetrieb (§ 5 Abs. 1 EStG). Daher muß sie sich an den Prinzipien der Gleichmäßigkeit der Besteuerung und der Besteuerung nach

---

[73] Vgl. *Thiel / Steinwachs*, S. 17 Anm. 14; die Autoren weisen darüber hinaus darauf hin, daß eine rückwirkende Bilanzberichtigung wegen § 41 AO nicht möglich sei, weil die Beteiligten über den Stichtag hinaus die wirtschaftlichen Ergebnisse haben bestehen lassen.

[74] *Baumbach / Duden / Hopt*, § 38 Anm. 5 I, II 3; *Beker*, S. 35; HGB Großkomm. *(Brüggemann)*, Vorbem. 2 zu § 38; *Leffson*, S. 36, 39; *Thiel*, S. 42.

[75] *Beker*, S. 35; *Benne*, BB 1980, S. 1846 (1848).

der Leistungsfähigkeit orientieren[76]. Ist die wirtschaftliche Leistungsfähigkeit am tatsächlichen Einkommen zu messen[77] und umfaßt dieses alle Wertzuwächse[78], dann ist auch nur das tatsächlich durchgeführte Rechtsgeschäft entscheidend. Eine mögliche Rückgängigmachung des Rechtsgeschäftes kann nicht berücksichtigt werden bzw. nur in dem Veranlagungszeitraum, in dem es die wirtschaftliche Leistungsfähigkeit und damit das Einkommen berührt.

b) Die Grundsätze der periodischen Besteuerung nach der wirtschaftlichen Leistungsfähigkeit und der Gleichmäßigkeit der Besteuerung

Wie unter a) ausgeführt, wird der Grundsatz der Besteuerung nach der Leistungsfähigkeit nicht verletzt, wenn das wirtschaftliche Ergebnis eines Geschäftes nicht mit steuerlicher Rückwirkung auf den vergangenen Veranlagungszeitraum rückgängig gemacht werden kann.

Die Leistungsfähigkeit wird für jeweils einen Veranlagungszeitraum ermittelt. Eine Folge des Grundsatzes der Abschnittsbesteuerung ist es, daß Durchführung und Rückgängigmachung eines Geschäftsvorfalles als zwei getrennte Vorgänge behandelt werden, wenn sie in verschiedenen Bemessungszeiträumen liegen.

Unterliegt die Einkommenshöhe des Steuerpflichtigen in den einzelnen Veranlagungszeiträumen starken Schwankungen, so führt die Abschnittsbesteuerung zu Progressionsnachteilen. Auch rückgängig gemachte Geschäfte können solche Schwankungen auslösen.

Zwar kann der Steuerpflichtige die Nachteile mildern oder vermeiden, indem er

— bessere Erkenntnisse über die Verhältnisse am Bilanzstichtag bis zur Bilanzerstellung berücksichtigt,
— Rückstellungen bildet oder
— Rechnungsabgrenzungsposten in die Bilanz einstellt.

Diese Ausgleichsmöglichkeiten kann er aber nicht wahrnehmen, wenn er bei Bilanzerstellung mit einer Rückgängigmachung nicht rechnet. Da das Gesetz die (gerechtere) Durchschnittsbesteuerung über Jahre hinweg nicht vorsieht, muß der bilanzierende Steuerpflichtige die Progressionsnachteile ebenso tragen wie sie andere Steuerpflichtige treffen, deren Einkommen in den einzelnen Veranlagungszeiträumen stark

---

[76] *Beker*, S. 35; *Tipke*, Steuerrecht, S. 220; *Thiel*, S. 44.
[77] *Tipke*, Steuerrecht, S. 24.
[78] *Tipke*, Steuerrecht, S. 144.

schwankt. Daher bestehen auch unter dem Aspekt der Gleichmäßigkeit der Besteuerung keine Bedenken.

c) Wirtschaftliche Betrachtungsweise

Bei den Erörterungen über das Verhältnis von § 175 Abs. 1 Satz 1 Nr. 2 AO zu § 41 Abs. 1 Satz 1 AO wurde bereits ausgeführt, daß allein das wirtschaftliche Ergebnis eines Rechtsgeschäftes unabhängig von seiner rechtlichen Wirksamkeit für die Besteuerung maßgebend ist[79].

Somit steht auch der Grundsatz der wirtschaftlichen Betrachtungsweise der eingeschränkten Anwendbarkeit der genannten AO-Vorschriften nicht entgegen.

d) Steuerobjekt der Einkommensteuer

Die Einkommensteuer bemißt sich nach dem Einkommen, das der Steuerpflichtige innerhalb eines Veranlagungszeitraumes bezogen hat. Steuergegenstand ist somit nicht der Erfolg des einzelnen getätigten Rechtsgeschäftes, sondern — weil die wirtschaftliche Kraft besteuert werden soll, die eine Person in einem Bemessungszeitraum entfaltet hat[80] — die Summe der in diesem Zeitraum realisierten Gewinne[81].

Auch unter diesem Aspekt läßt sich die eingeschränkte Anwendbarkeit der §§ 175 Abs. 1 Satz 1 Nr. 2, 41 Abs. 1 Satz 1 AO vertreten, da es auf das einzelne Rechtsgeschäft grundsätzlich nicht ankommt.

e) Tatbestandsmäßigkeit der Besteuerung

Aus dem vorhergehenden Abschnitt folgt, daß die eingeschränkte Anwendbarkeit der §§ 175, 41 AO auch mit dem Grundsatz der Tatbestandsmäßigkeit der Besteuerung vereinbar ist. Steuerobjekt der Einkommensteuer ist das tatsächliche Einkommen. Sobald der Steuerpflichtige Einkünfte i. S. des § 2 Abs. 1 EStG bezieht, entsteht der Steueranspruch (§ 38 AO). Da ein unwirksames Rechtsgeschäft nach Ablauf des Veranlagungszeitraumes nicht mit steuerlicher Wirkung für die Vergangenheit rückgängig gemacht werden kann, entfällt der Steuertatbestand nicht. Der Ausgleich wird aber — bis auf etwaige Progressionsnachteile — dadurch bewirkt, daß sich im folgenden Veranlagungszeitraum die Summe der Einkünfte entsprechend mindert, wenn die wirtschaftlichen Folgen des Vorganges beseitigt werden. Umgekehrt muß der Steuerpflichtige Beträge, die er in einem vergangenen Veranlagungszeitraum ausgegeben und steuerlich z. B. als Werbungs-

---

[79] s. o. 2. Kap. B I.

[80] *Becker*, S. 8; *Beker*, S. 67.

[81] *Lagemann*, S. 183.

kosten geltend gemacht hat, im Jahr der Erstattung als Einnahmen ansetzen[82].

5. *Ergebnis*

Die Überlegungen zeigen, daß die Auffassung, nach der die §§ 175 Abs. 1 Satz 1 Nr. 2, 41 Abs. 1 Satz 1 AO dort ausgeschlossen sind, wo die Grundsätze ordnungsmäßiger Buchführung gelten, zu Recht vertreten wird[83].

E. Zusammenfassung der Zwischenergebnisse

Bisher konnte eruiert werden, daß die §§ 175 Abs. 1 Satz 1 Nr. 2, 41 Abs. 1 Satz 1 AO bei laufend veranlagten Steuern nicht generell unanwendbar sind. Keines der in Rechtsprechung und Literatur angeführten Argumente vermag die Begründung dafür zu liefern, daß die §§ 175, 41 AO bei laufend veranlagten Steuern nicht anwendbar seien. Jedoch ist festzuhalten, daß das Zuflußprinzip der wirtschaftlichen Rückgängigmachung eines Geschäftes im Rahmen der Überschußeinkünfte und bei nach § 4 Abs. 3 EStG ermittelten Einkünften entgegensteht. Bei den Einkünften bilanzierender Steuerpflichtiger stehen die Grundsätze ordnungsmäßiger Buchführung einer Rückgängigmachung entgegen. Somit können in weiten Bereichen des Einkommensteuerrechts Vorgänge mit steuerlicher Wirkung nicht rückgängig gemacht werden.

F. Die §§ 175 Abs. 1 Satz 1 Nr. 2, 41 Abs. 1 Satz 1 AO bei den einzelnen laufend veranlagten Steuerarten

Ausgehend von den bisherigen Feststellungen werden die Einkunftsermittlungsarten bei der Einkommensteuer sowie die anderen laufend veranlagten Steuerarten daraufhin untersucht, inwieweit Ereignisse mit steuerlicher Wirkung für die Vergangenheit rückgängig gemacht werden können.

---

[82] BFH BStBl. 1965 III, S. 67.

[83] BFH BStBl. 1978 II, S. 191 (192) (zu § 5 Abs. 5 StAnpG); *Gaffron*, DB 1971, S. 297 (300); *Mattern / Meßmer*, § 5 StAnpG Tz. 2651; *Mittelbach*, Steuererstattungen, S. 170; *Wiebe*, S. 84; *v. Beckerath*, DStR 1973, S. 743 (746), der mit anderer Begründung zum gleichen Ergebnis gelangt.

I. Einkommensteuer

1. *Überschußeinkünfte*

Das in § 11 EStG geregelte Zuflußprinzip verhindert die Anwendung der §§ 175 Abs. 1 Satz 1 Nr. 2, 41 Abs. 1 Satz 1 AO bei den Überschußeinkünften[84].

2. *Gewinneinkünfte*

Da bei der Betriebseinnahmen/-ausgaben-Überschußrechnung nach § 4 Abs. 3 EStG ebenfalls das Zuflußprinzip gilt (vgl. § 11 Abs. 1 Satz 4 EStG), sind auch hier die §§ 175, 41 AO ausgeschlossen.

Bei buchführungspflichtigen Land- und Forstwirten sowie bei Gewerbetreibenden macht § 5 Abs. 1 EStG den Betriebsvermögensvergleich von den handelsrechtlichen Grundsätzen ordnungsmäßiger Buchführung abhängig. Insoweit sind — wie dargelegt — die §§ 175, 41 AO nicht anwendbar.

3. *Einkunftsermittlung durch Schätzung und nach Durchschnittssätzen*

Der Gewinn nicht buchführungspflichtiger Land- und Forstwirte wird gemäß § 13 a EStG nach Durchschnittssätzen ermittelt oder — wenn sich die Besteuerungsgrundlagen nicht ermitteln oder berechnen lassen — durch Schätzung nach § 162 AO.

Bei beiden Methoden werden die Gewinne pauschal erfaßt; einzelnen Vorfällen kommt daher keine Bedeutung zu.

Beim Durchschnittssatzgewinn (§ 13 a Abs. 3 EStG)[85] werden die Gewinne typisierend nach einer Vielzahl etwa gleichgelagerter Fälle geschätzt[86]. Nicht die tatsächlichen, sondern unterstellte Einkünfte[86] bilden die Bemessungsgrundlage. Ausgangspunkt hierfür sind normale, durchschnittlich in mehreren Jahren unter etwa gleichen Verhältnissen bei einer Vielzahl von Landwirten erzielbare Reinerlöse[86].

Da bei der Schätzung von Indizien und Wahrscheinlichkeitserwägungen ausgegangen wird, bleiben auch hier die einzelnen Vorgänge unberücksichtigt.

Daher finden die §§ 175 Abs. 1 Satz 1 Nr. 2, 41 Abs. 1 AO insoweit keine Anwendung.

---

[84] s. o. 2. Kap. V.

[85] In der ab 30. 6. 1980 geltenden Fassung — BGBl. 1980 I, S. 732.

[86] *Herrmann / Heuer / Raupach*, § 13 a EStG Anm. 32.

4. *Außerordentliche Einkünfte*

Werden außerordentliche Einkünfte i. S. d. § 34 Abs. 1, 2 EStG erzielt, ist darauf ein ermäßigter Steuertarif anzuwenden. Voraussetzung für die Anwendung des § 34 EStG ist, daß diese Einkünfte klar abgrenzbar sind[87] und es sich um einmalige oder ungewöhnliche Beträge[88] handelt.

Damit werden laufende Einnahmen von dieser Vorschrift nicht erfaßt.

Im Interesse der Rechtsklarheit muß es sich tatsächlich[89] um ein Veräußerungsgeschäft über den ganzen Betrieb, über einen Teilbetrieb oder über die Anteile an einer Kapitalgesellschaft handeln.

Liegen die genannten Voraussetzungen vor, wird der Gewinn eines solchen Geschäftes gesondert ermittelt und der Besteuerung nach einem ermäßigten niedrigeren Tarif unterworfen. Ausgangspunkt hierfür ist der fest vereinbarte Veräußerungserlös[90]. Da der Veräußerungsgewinn mit der begründeten Kaufpreisforderung entsteht[91], kommt es auf ein Zufließen nicht an.

Daraus folgt, daß die Steuerfolgen an ein einzelnes Rechtsgeschäft anknüpfen. Wird es rückgängig gemacht, wird dem Veräußerungsgewinn die Grundlage entzogen. Im Gegensatz zu den laufenden Geschäftsvorfällen verlieren diese Veräußerungsgeschäfte nicht ihre Bedeutung als einzelne Rechtsgeschäfte. Dies gibt selbst dann, wenn der Steuerpflichtige eine Bilanz erstellen muß. Die Grundsätze ordnungsmäßiger Buchführung beziehen sich lediglich auf die laufenden Geschäftsvorfälle; sie stehen daher nicht entgegen, wenn ein solches Veräußerungsgeschäft mit steuerlicher Wirkung für die Vergangenheit rückgängig gemacht wird.

Davon ging auch der BFH aus, als er im „Schiffsverkaufs-Fall"[92] auf Gewinne i. S. der §§ 16 Abs. 1 Ziff. 2, 34 Abs. 2 Ziff. 1 EStG den § 4 Abs. 2 StAnpG anwendete.

Ein anderes Ergebnis wäre auch nicht gerechtfertigt: Könnten derartige Veräußerungsgeschäfte nicht mit steuerlicher Wirkung für die

---

[87] BFH BStBl. 1960 III, S. 72 (72).

[88] BFH BStBl. 1960 III, S. 72 (73).

[89] *Herrmann / Heuer / Raupach,* § 34 EStG Anm. 9 a.

[90] BFH BStBl. 1957 III, S. 44 (44); 1962 III, S. 85 (86); *Herrmann / Heuer / Raupach,* § 34 EStG Anm. 9 b (2).

[91] RFH RStBl. 1933, S. 1226 (1227 u.); *Heinlein,* DStR 1969, S. 199 (205); *Herrmann / Heuer / Raupach,* § 34 EStG Anm. 9 b (2).

[92] BFH BStBl. 1962 III, S. 112; außerdem war nach dem Sachverhalt dieses Urteils die Einkommensteuer lediglich vorläufig festgesetzt worden, so daß nach den Ausführungen des RFH (RStBl. 1936, S. 116, 117) bereits deswegen eine Rückgängigmachung möglich war. Nach heutigem Recht wäre § 165 Abs. 2 AO anwendbar.

Vergangenheit rückgängig gemacht werden, müßten die gesondert festgestellten tarifbegünstigten Veräußerungsgewinne mit normal besteuerten Einkünften innerhalb eines folgenden Veranlagungszeitraumes verrechnet werden. Dies hätte für diesen Abschnitt eine Steuervergünstigung zur Folge, die dem Steuerpflichtigen nicht zustünde[93].

Aus diesen Gründen sind die §§ 175 Abs. 1 Satz 1 Nr. 2, 41 Abs. 1 AO bei außerordentlichen Einkünften anwendbar[94].

II. Körperschaftsteuer

Die Körperschaftsteuer bemißt sich nach dem innerhalb eines Kalenderjahres von der Körperschaft bezogenen Einkommen (§ 7 Abs. 1, 3 KStG 1981). Für die Ermittlung des Einkommens verweist § 8 Abs. 1, 2 KStG auf die Vorschriften des EStG, so daß die Grundsätze ordnungsmäßiger Buchführung auch bei dieser Steuer eine Korrektur mit steuerlicher Rückwirkung ausschließen.

III. Gewerbesteuer (Gewerbeertrag)

Ein Bemessungsfaktor für die Gewerbesteuer ist der Gewerbeertrag. Die Grundlage hierzu liefert der Gewinn aus Gewerbebetrieb, der nach den Vorschriften des EStG oder des KStG zu ermitteln ist (§ 7 GewStG). Daher stehen auch insoweit die Grundsätze ordnungsmäßiger Buchführung der Rückgängigmachung entgegen. Auf die Ausführungen zum Einkommensteuerrecht kann verwiesen werden.

IV. Umsatzsteuer

Das Umsatzsteuergesetz 1980 enthält in § 17 besondere Vorschriften über die Berichtigung nach einer Änderung der Bemessungsgrundlage (§ 10 UStG), die sowohl ex nunc (Preisnachlässe, Rabatte), als auch ex tunc wirkende Veränderungen (Anfechtung) erfassen. Hinsichtlich der rückwirkenden Ereignisse verdrängt der spezielle § 17 UStG den allgemeinen § 175 Abs. 1 S. 1 Nr. 2 AO[95].

---

[93] *Flume*, DB 1970, S. 77 (79).

[94] RFH RStBl. 1933, S. 1226 (1228 o.); 1936, S. 678 (680); BFH BStBl. 1962 III, S. 112; *Becker / Riewald / Koch*, § 4 StAnpG Anm. 4 (3); *Gaffron*, DB 1971, S. 297 (300); *Flume*, DB 1970, S. 77 (79); *Herrmann / Heuer / Raupach*, § 17 EStG Anm. 177; *Krah*, Inf. 1968 S. 145 (149, 151); *Littmann*, § 16 EStG Rdnr. 33; *Märkle*, FR 1968, S. 161 (162); *Mittelbach*, Steuererstattungen, S. 170; *Potthast*, S. 42; *Thiel*, BB 1963, S. 443 (445).

[95] *Beker*, S. 43; *Klemp*, UStR 1970, S. 293 (295); *Mittelbach*, S. 171.

Sind aber andere Besteuerungsmerkmale als gerade die Bemessungsgrundlage von einem rückwirkenden Ereignis betroffen, ist die allgemeine Vorschrift anwendbar. So hat der BFH ausgesprochen[96], daß bei Wegfall konkreter Sachverhaltsmerkmale, deren Vorliegen das UStG für die Steuerpflicht fordere, unanfechtbare Umsatzsteuerveranlagungen nach § 4 Abs. 3 Ziff. 2 StAnpG berichtigt werden könnten. Dieser Satz trifft für den heutigen § 175 Abs. 1 S. 1 Nr. 2 AO uneingeschränkt zu.

V. Vermögensteuer

Auch bei der Vermögensteuer ist die Anwendung allgemeiner Korrekturvorschriften nicht ausgeschlossen.

Allerdings sollen die durch die Hauptfeststellung ermittelten Einheitswerte im gesamten Zeitraum unverändert gelten. Veränderungen tatsächlicher Verhältnisse können im Wege der Fortschreibung nach § 22 BewG nur auf einen späteren Zeitpunkt hin erfaßt werden[97].

Da eine Korrektur darauf abzielt, die bisherige unrichtige Steuerfestsetzung rückwirkend durch eine richtige zu ersetzen, schließen sich die Fortschreibungen nach dem Bewertungsgesetz und § 175 Abs. 1 Satz 1 Nr. 2 AO nicht aus, sondern ergänzen sich[98].

Bei Einheitswertbescheiden dürfte der Korrektur aufgrund nachträglich bekannt gewordener Tatsachen nach § 173 Abs. 1 Nr. 1 AO größere Bedeutung zukommen. Der Bescheid über die Einheitswertfeststellung ist Grundlagenbescheid i. S. der §§ 171 Abs. 10, 179, 180 Abs. 1 Nr. 1 AO, so daß abhängige Folgebescheide nach § 175 Abs. 1 Satz 1 Nr. 1 AO zu korrigieren sind[99].

Daneben sind auch Fälle denkbar, in denen § 175 Abs. 1 Satz 1 Nr. 2 AO anwendbar ist. Ist zum Beispiel die Vermögensteuer nach § 173 Abs. 1 Nr. 1 AO i. V. m. § 16 VStG rechtskräftig neu veranlagt worden, so ist nicht ausgeschlossen, daß die der Neuveranlagung vorausgegangene Veranlagung noch korrigiert werden kann. Dadurch können sich die Neuveranlagungsgrenzen des § 16 VStG so verschieben, daß eine Neuveranlagung nicht mehr durchgeführt werden dürfte. Der Neuveranlagungsbescheid wäre nach § 175 Abs. 1 Satz 1 Nr. 2 AO aufzuheben[100].

---

[96] BFH UStR 1970, S. 52 (LS).

[97] BFH BStBl. 1975 II, S. 678 (LS); *Falterbaum / Barthel*, S. 220.

[98] BFH BStBl. 1975 II, S. 678 (679); *Rössler / Troll / Langner (Troll)*, § 16 VStG Anm. 2.

[99] Nr. 1 verdrängt als spezielle Regelung die allgemeine des § 175 Abs. 1 Satz 1 Nr. 2; vgl. *Lauer*, Inf. 1979, S. 511 (514).

[100] BFH HFR 1964, S. 147 (LS Nr. 5, 148, 150 f.).

Ein weiteres Beispiel: § 22 BewG knüpft für die Voraussetzungen einer Fortschreibung an den Einheitswert des letzten Feststellungszeitpunktes an. Wird nach einer Fortschreibung der Einheitswert so berichtigt, daß die Voraussetzungen der Fortschreibung nicht mehr erfüllt sind, dann ist der Fortschreibungsbescheid nach § 175 Abs. 1 Satz 1 Nr. 2 AO zu korrigieren[101], da ein Ereignis mit steuerlicher Wirkung für die Vergangenheit eingetreten ist.

VI. Grundsteuer

Auch ein Grundsteuerbescheid kann nach § 175 Abs. 1 Satz 1 Nr. 2 AO korrigiert werden[102]. Da auch nach dem Grundsteuergesetz Fortschreibungen und Neuveranlagungen durchgeführt werden können (§§ 17, 21 GrStG), lassen sich die gleichen Fallkonstellationen bilden, wie sie bei der Vermögensteuer zur Anwendung des § 175 Abs. 1 Satz 1 Nr. 2 AO geführt haben.

VII. Gewerbesteuer (Gewerbekapital)

Grundlage für die Ermittlung des Gewerbekapitals als Bemessungsfaktor für die Gewerbesteuer ist der Einheitswert des Betriebes, der nach dem BewG zu ermitteln ist (§ 12 Abs. 1 GewStG). Da § 12 Abs. 5 GewStG ebenfalls die Fortschreibung vorsieht, kann auf die Beispiele zur Vermögen- und Grundsteuer entsprechend verwiesen werden. Korrekturen über § 175 Abs. 1 Satz 1 Nr. 2 AO sind also auch hier möglich.

G. Zusammenfassung der Ergebnisse

(1) Bei keiner laufend veranlagten Steuer ist die Anwendung der §§ 175 Abs. 1 Satz 1 Nr. 2, 41 Abs. 1 AO generell ausgeschlossen. Bei jeder Steuerart sind Fälle denkbar, die nur über die genannten Korrekturnormen geregelt werden können[103].

(2) Indessen werden die §§ 175, 41 AO stark durch die Grundsätze ordnungsmäßiger Buchführung eingeschränkt. Über § 5 Abs. 1 EStG wirken sie sich auf die Ermittlung der Einkünfte aus. Durch Verweisungen gelten sie über die Einkommensteuer hinaus auch für die Körperschaft- und die Gewerbesteuer.

---

[101] Beispiel nach *Falterbaum / Barthel,* S. 234; *Rössler / Troll / Langner (Langner),* § 22 BewG Anm. 8 a. E.

[102] *Troll,* § 27 Anm. 11.

[103] *Judeich / Felix,* § 5 Tz. 7, vertraten diese Meinung zu den §§ 4, 5 StAnpG. — Zu den §§ 175, 41 AO: *Tipke / Kruse,* § 41 Tz. 2.

(3) Bei Überschußeinkünften und der Gewinnermittlung nach § 4 Abs. 3 EStG verhindert das Zuflußprinzip eine Rückgängigmachung mit steuerlicher Wirkung für die Vergangenheit und damit die Anwendung der §§ 175, 41 AO.

(4) Für die genannten AO-Vorschriften ist kein Raum, wenn Schätzungen oder eine Gewinnermittlung nach Durchschnittssätzen vorgenommen werden.

(5) Dagegen sind die §§ 175, 41 AO bei Veräußerungsgewinnen i. S. des § 34 EStG anwendbar.

(6) § 17 UStG verdrängt als spezielle Vorschrift die allgemeine des § 175 Abs. 1 Satz 1 Nr. 2 AO. Sind andere Besteuerungsmerkmale als die Bemessungsgrundlage von einem rückwirkenden Ereignis betroffen, ist die allgemeine Vorschrift anwendbar.

(7) Auch bei der Vermögen- und bei der Grundsteuer sind Fälle denkbar, in denen § 175 Abs. 1 Satz 1 Nr. 2 AO anwendbar ist.

Drittes Kapitel

Fallgruppen rückwirkender Ereignisse

Nachdem feststeht, daß § 175 Abs. 1 Satz 1 Nr. 2 AO grundsätzlich bei allen Steuerarten Anwendung findet, geht es nun um die Frage, welche Ereignisse von der Korrekturvorschrift erfaßt werden. Nach einleitenden Ausführungen zu den Tatbestandsmerkmalen der Norm werden ihre Anwendungsmöglichkeiten, nach Fallgruppen geordnet, behandelt.

A. Das steuerlich rückwirkende Ereignis im Sinne des § 175 Abs. 1 Satz 1 Nr. 2 AO

I. Das „Ereignis"

Anknüpfungspunkt für alle Fallgruppen ist das weit gefaßte Tatbestandsmerkmal „Ereignis".

Ähnlich weit gefaßt war die Vorgängervorschrift § 4 Abs. 3 Ziff. 2 StAnpG. Sie enthielt den Begriff „Merkmal", dessen Auslegung umstritten war. Nach Auffassung der herrschenden Meinung war damit nur das konkrete Sachverhaltsmerkmal gemeint, nicht auch das abstrakte Tatbestandsmerkmal des Gesetzes selbst[1]. Die Vorschrift erfaßte also nur Veränderungen tatsächlicher Lebensvorgänge. Diese Lebensvorgänge sind in steuerrechtlichen, aber auch in außersteuerrechtlichen Tatbeständen, die für das Steurrecht relevant sind, umschrieben.

Hiervon ausgehend — und nur so kann § 175 Abs. 1 Satz 1 Nr. 2 AO dem Grundsatz der Tatbestandsmäßigkeit der Besteuerung gerecht werden[2] — wird unter dem „Ereignis" jeder tatsächliche und rechtliche Umstand verstanden, der den Sachverhalt, welcher der Steuerfestsetzung zugrunde lag, verändert[3]; dabei ist gleichgültig, ob der Umstand

[1] BFH BStBl. 1964 III, S. 308 (309), 657; 1965 III, S. 196 (LS 197); 1969 II, S. 681 (682); BFH UStR 1970, S. 52; FG Hannover EFG 1963, S. 514 (515); FG Düsseldorf EFG 1964, S. 120 (120, 121); FG Münster EFG 1964, S. 135 (135); Niedersächs. FG EFG 1981, S. 565 (566); *Kühn / Kutter*, (11. Aufl.) § 4 StAnpG Anm. 3; *Thiel*, BB 1963, S. 443; *Winterberg*, DB 1962, S. 587; *Woerner / Grube*, (4. Aufl.), S. 100.

[2] s. o. 1. Kap. C.

sich auf den Grund oder auf die Höhe des Anspruchs aus dem Steuerschuldverhältnis auswirkt[4]. Demnach kann das Tatbestandsmerkmal „Ereignis" — losgelöst vom weiteren Wortlaut der Vorschrift betrachtet — umfassend „alle rechtlich relevanten Vorgänge"[5] erfassen. Könnte man aber jeden steuerlich relevanten Vorgang rückwirkend rückgängig machen, wäre der Anwendungsbereich des § 175 Abs. 1 Satz 1 Nr. 2 AO uferlos. Die Bestandskraft des Steuerbescheides könnte verhältnismäßig einfach durchbrochen werden.

Daher muß das „Ereignis" eingegrenzt werden. Die Eingrenzungen ergeben sich zum Teil aus dem weiteren Wortlaut der Vorschrift, andere müssen aus dem Gesetzeszweck und den tragenden Prinzipien des Steuerrechts hergeleitet werden.

II. Eingrenzung des Tatbestandsmerkmals „Ereignis"

Nach dem weiteren Wortlaut der Vorschrift setzt die Korrektur voraus, daß dem Ereignis eine Wirkung für die Vergangenheit zukommen muß. Außerdem muß das Ereignis auch steuerlich zurückwirken. § 175 Abs. 1 Satz 1 Nr. 2 AO schränkt also das „Ereignis" ein.

III. Die steuerliche Rückwirkung

Zur Beantwortung der Frage, welche Ereignisse steuerlich zurückwirken, können der Gesetzeszweck des § 175 Abs. 1 Satz 1 Nr. 2 AO und tragende Prinzipien des Steuerrechts herangezogen werden.

Steuerbescheide stehen — wie dargelegt — unter dem Schutz erhöhter Bestandskraft; der Rechtsrichtigkeit kommt aufgrund des vorangegangenen Festsetzungsverfahrens besondere Bedeutung zu[6]. Bei der Prüfung, ob ein Vorgang unter „Ereignis" i. S. der Norm subsumiert werden kann, ist der Zweck der Vorschrift als einschränkendes Kriterium zu berücksichtigen. Der Norm liegt das Prinzip der Tatbestandsmäßigkeit der Besteuerung zugrunde. Damit zusammenhängend ist folgendes zu bedenken: Steueransprüche entstehen kraft Gesetzes (§ 38 AO), und zwar unabänderlich[7]. Daher kann ein einmal entstandener Steueranspruch grundsätzlich nicht mehr durch nachträgliche Abänderung des Sachverhaltes beseitigt oder beeinträchtigt werden. Dem Steuerpflich-

---

[3] *Möllinger*, S. 287; *Sudau / Lammerding / Brauel (Lammerding)*, S. 495 f.; *Tipke / Kruse*, § 175 Tz. 9; im Ansatz *Thiel / Steinwachs*, S. 79 Anm. 31.

[4] BFH BStBl. 1953 III, S. 69; 1961 III, S. 77 (78); 1963 III, S. 169 (170).

[5] *Tipke / Kruse*, § 175 Tz. 9.

[6] s. o. 1. Kap. B II.

[7] *Kruse*, Steuerrecht, S. 128; *Tipke*, Steuerrecht, S. 123.

tigen wird es lediglich ermöglicht, bis zur Tatbestandsentstehung den zu besteuernden Sachverhalt rechtlich und wirtschaftlich zu gestalten[8]. Daraus folgt, daß es sich bei den Ereignissen zwar um Vorgänge handeln darf und muß, die sich nach Entstehung der Ansprüche aus dem Steuerschuldverhältnis — also nachträglich — ereignet haben, daß sie aber auf die Zeit vor der Tatbestandsentstehung zurückwirken müssen[9].

Schließlich ist der Grundsatz der wirtschaftlichen Betrachtungsweise bei der Rückgängigmachung von Ereignissen zu beachten. Zu Beginn des zweiten Kapitels wurde ausgeführt, daß ein Vorgang nur dann mit steuerlicher Wirkung rückgängig gemacht werden kann, wenn auch seine wirtschaftlichen Ergebnisse beseitigt werden (§ 175 Abs. 1 Satz 1 Nr. 2 i. V. m. § 41 Abs. 1 Satz 1 AO).

Die vollständige oder teilweise Rückabwicklung eines Geschäftes erfordert, daß die Vertragspartner einander die empfangenen Leistungen zurückgewähren sowie Nutzungen und sonstige Vorteile ausgleichen; sie müssen sich so stellen, als sei der Vorgang von Anfang an nicht oder mit anderem Inhalt durchgeführt worden.

Nur unter diesen Voraussetzungen kann eine steuerliche Rückwirkung anerkannt werden.

IV. Tatsachen als Ereignisse im Sinne des § 175 Abs. 1 Satz 1 Nr. 2 AO?

Unter den Oberbegriff „Ereignis" können — neben den rechtlichen Vorgängen — auch Tatsachen subsumiert werden[10].

Eine Tatsache kann als Geschehnis der Vergangenheit oder der Gegenwart definiert werden. Sie wirkt sich erst mit ihrem Eintritt aus. Einmal eingetretene Tatsachen können nicht beseitigt werden, jedoch können ihre Auswirkungen durch eine entgegengesetzte weitere Tatsache aufgehoben werden: Eine ausgeführte Lieferung i. S. des § 3 UStG läßt sich zum Beispiel rein tatsächlich nicht mehr rückgängig machen. Lediglich die Auswirkungen lassen sich beseitigen, wenn sich die Beteiligten die erhaltenen Leistungen zurückgewähren. Die Rückgewähr ist eine neue Tatsache.

Da Tatsachen erst mit ihrem Eintritt existent werden, wirken sie nicht zurück.

---

[8] RFH RStBl. 1944, S. 435 (436); BFH BStBl. 1951 III, S. 223 (224); 1960 III, S. 513 (514); 1962 III, S. 112 (113); 1965 III, S. 597 (LS); 1968 II, S. 260 (260); *Jahrmarkt*, S. 18 ff.

[9] Daraus erklärt sich auch die mit Gesetz vom 22. 12. 1981, BGBl. 1981 I, S. 1523, neu eingefügte Klammerdefinition „rückwirkendes Ereignis".

[10] s. o. 3. Kap. A I.

Daher werden rückwirkende Sachverhaltsgestaltungen im Steuerrecht nicht anerkannt. Abgesehen von der fehlenden Rückwirkung bei Tatsachen folgt dies auch aus dem Grundsatz der Tatbestandsmäßigkeit der Besteuerung: Was tatsächlich nicht geschehen ist, kann nicht steuerlich als geschehen behandelt und das tatsächlich Geschehene kann nicht rückwirkend als ungeschehen angesehen werden.

In diesem Sinne haben die Finanzgerichte viele Fälle entschieden:

Gibt beispielsweise ein Steuerpflichtiger einen entgeltlich erworbenen Gewerbebetrieb später an den Veräußerer zurück, weil das Erwerbsgeschäft unwirksam war, so wird die Einkommensteuerveranlagung des Steuerpflichtigen nicht korrigiert; die Rückgabe ändert nichts daran, daß er sich in der Vergangenheit tatsächlich gewerblich betätigt hatte[11].

Fehlt es an der tatsächlichen Mitarbeit eines Familienangehörigen im Betrieb, so können „Gehaltszahlungen" steuerlich nicht als Betriebsausgaben anerkannt werden[12].

Tritt ein Bauinteressent einer Bauherrengemeinschaft erst nach Beginn der Bauarbeiten bei, kann er hinsichtlich des erstellten Teiles steuerlich nicht mehr als Bauherr, sondern nur noch als Erwerber (mit Nachteilen insbesondere bei der Grunderwerbsteuer) behandelt werden[13].

Ebensowenig kann eine im Inland ausgeführte umsatzsteuerpflichtige Lieferung rückgängig gemacht werden, um sie zum Zwecke der Umsatzsteuerersparnis als Auslandslieferung erneut durchzuführen[14].

Auch können einem Kaufanwärter, der wirtschaftlicher Eigentümer eines Siedlungshauses ist, die Vergünstigungen des § 7 b EStG nicht rückwirkend versagt werden, wenn der Kaufanwartschaftsvertrag später aufgekündigt wird[15] oder die Anwartschaft auf einen anderen übertragen wird[16]. Denn die Befugnis zur Absetzung steht dem Ersterwerber zu, der wirtschaftlicher Eigentümer wird, wobei es unerheb-

---

[11] BFH BStBl. 1968 II, S. 93 (LS, 94).

[12] BFH BStBl. 1967 III, S. 271 (273 a. E.).

[13] BFH BStBl. 1980 II, S. 441 = BB 1980, S. 1173 m. w. N. Auf der Grundlage dieses Urteils erging der „Dritte Bauherrenerlaß" vom 13. 8. 1981 (BStBl. 1981 I, S. 604), der unter Ziff. 1 Abs. 4 auf die rückwirkenden Sachverhaltsgestaltungen eingeht. Vgl. dazu die Erläuterungen von *Sturm*, WM 1982, S. 352 f. und *Weber / Lauer*, Inf. 1982, S. 8.

[14] Beispiel nach *Krah*, Inf. 1968, S. 145 in Abwandlung von BFH BStBl. 1963 III, S. 430.

[15] FG Karlsruhe EFG 1958, S. 365 (LS); davon abgesehen, daß eine Tatsache nicht mehr rückgängig gemacht werden kann, wirkt eine Kündigung nur für die Zukunft, so daß es an der Wirkung für die Vergangenheit fehlt.

[16] BFH BStBl. 73 II, S. 591 (592).

lich ist, ob er später bürgerlich-rechtliches Eigentum erlangt[17, 18]. Das wirtschaftliche Eigentum (§ 39 Abs. 2 Nr. 1 AO) fällt nicht rückwirkend weg.

Da rückwirkende Sachverhaltsgestaltungen steuerlich nicht anerkannt werden können, können auch Geschäftsvorfälle grundsätzlich nicht mit steuerlicher Wirkung rückgängig gemacht werden[19].

Der Grundsatz der wirtschaftlichen Betrachtungsweise verlangt die entsprechende wirtschaftliche Abwicklung des rückgängig gemachten Geschäftsvorfalles. Damit eine Korrektur nach § 175 Abs. 1 Satz 1 Nr. 2 AO vorgenommen werden kann, müssen Tatsachen „beseitigt" werden. Dies geschieht aber nicht, um den Sachverhalt rückwirkend zu gestalten. Diese „Tatsachenbeseitigung" ist vielmehr notwendig, damit nicht der rechtliche Zustand — die Gesetze sehen rückwirkende Gestaltungsmöglichkeiten vor — und der wirtschaftliche Zustand divergieren. Ausgehend von dem Grundsatz, daß Steueransprüche unabänderlich entstehen, richtet es sich allein nach den Steuergesetzen, in welchen Fällen Tatsachen mit steuerlicher Wirkung rückgängig gemacht werden können. Eine solche Ausnahme sieht § 41 Abs. 1 Satz 1 AO in seiner Umkehrung vor: Wird ein Rechtsgeschäft (nachträglich) unwirksam, so ist dies für die Besteuerung relevant, wenn die Beteiligten das wirtschaftliche Ergebnis dieses Rechtsgeschäftes auch später beseitigen.

Als Ergebnis kann also folgendes festgehalten werden: Um eine Korrektur nach § 175 Abs. 1 Satz 1 Nr. 2 AO durchführen zu können, müssen die tatsächlichen wirtschaftlichen Folgen eines Vorganges beseitigt werden. Dies erlaubt § 41 Abs. 1 Satz 1 AO. Diese Norm setzt aber ein Ereignis i. S. des § 175 Abs. 1 Satz 1 Nr. 2 AO voraus. Da sich Tatsachen nicht mit Wirkung für die Vergangenheit rückgängig machen lassen, können sie keine Korrektur nach § 175 Abs. 1 Satz 1 Nr. 2 AO auslösen.

B. Fallgruppen

Nachfolgend werden nun die Anwendungsmöglichkeiten des § 175 Abs. 1 Satz 1 Nr. 2 AO nach einzelnen Fallgruppen behandelt, die in die drei großen Abschnitte

— Fallgruppen aus dem Bereich des bürgerlichen Rechts (I.),

---

[17] BFH BStBl. 73 II, S. 591 (592); 593 (594) entgegen BFH BStBl. 65 III, S. 465 (466).

[18] So auch BFH BStBl. 60 III, S. 465 (466); 1973 II, S. 595 (595).

[19] BFH BB 1981, S. 1500.

— Fallgruppen aus der steuerlichen Beratungspraxis und der Rechtsprechung der Finanzgerichte (II.),

— Fallgruppen aus dem öffentlichen Recht (III.).

eingeteilt werden können.

I. Fallgruppen aus dem Bereich des bürgerlichen Rechts

Neben den „Tatsachen" werden auch rechtliche Vorgänge von dem — isoliert betrachteten — Tatbestandsmerkmal „Ereignis" erfaßt. Rechtliche Vorgänge gehören in vielen Fällen direkt oder indirekt zum Tatbestand einer Steuer, sei es, daß das Rechtsgeschäft selbst die Steuerfolge auslöst, wie beispielsweise bei der Erbschaft-, Schenkung- oder Grunderwerbsteuer, sei es, daß ein Vorgang auf der Grundlage eines Rechtsgeschäftes besteuert wird, wie Lieferungen und sonstige Leistungen bei der Umsatzsteuer.

Diese Rechtsgeschäfte können aus vielerlei Gründen unwirksam sein oder rückgängig gemacht werden. Gesetzliche Vorschriften und vertragliche Vereinbarungen bilden die mögliche Grundlage hierfür.

Es fragt sich, ob jede Rückgängigmachung nach bürgerlichem Recht als rückwirkendes Ereignis i. S. des § 175 Abs. 1 Satz 1 Nr. 2 AO angesehen werden kann. Das wäre dann der Fall, wenn die steuerrechtliche Rückwirkung an die bürgerlich-rechtliche gekoppelt wäre[20]. Damit ist das Verhältnis des Steuerrechts zum bürgerlichen Recht angesprochen.

1. *Das Verhältnis des Steuerrechts zum Privatrecht*

Da die Steuergesetze direkt oder indirekt an privatrechtliche Vorgänge anknüpfen, ist prinzipiell davon auszugehen, daß das Steuerrecht dem Privatrecht folgt. Grundsätzlich soll die Einheit der Rechtsordnung gewahrt werden.

Aber dem bereits mehrfach erwähnten § 41 Abs. 1 Satz 1 AO ist zu entnehmen, daß die tatsächliche wirtschaftliche Durchführung eines Rechtsgeschäftes für das Steuerrecht maßgebend ist und nicht die privatrechtliche Wirksamkeit[21]. Der darin enthaltene Grundsatz der wirtschaftlichen Betrachtungsweise kommt auch in § 40[22] und in § 42 AO zum Ausdruck.

---

[20] Offengelassen von BFH BStBl. 1951 III, S. 238 (239).

[21] BFH BStBl. 54 III, S. 159: die tatsächliche Durchführung von Verträgen oder einseitigen Rechtsgeschäften überwiegt etwaige Mängel rechtlicher Gültigkeit; BFH BStBl. 56 III, S. 380 (381).

Das Steuerrecht stellt also — unabhängig von der Rechtslage nach dem Privatrecht — auf ihm eigene Kriterien ab. Spezielle Prinzipien und eine eigenständige Terminologie deuten darauf hin, daß das Steuerrecht als selbständiges Rechtsgebiet neben dem Privatrecht steht[23].

In der Tat verließ die Rechtsprechung im Laufe der Zeit mehr und mehr den Standpunkt, beide Rechtsgebiete seien parallel zu behandeln[24]. Die Koppelung der steuerrechtlichen Rückwirkung an die privatrechtliche hätte zur Folge, daß die besteuerten Sachverhalte durch rückwirkende Verträge beeinflußt werden könnten; die öffentlich-rechtlichen Steueransprüche[25] könnten privatrechtlich modifiziert werden. Ist ein Steueranspruch aber einmal entstanden, unterliegt er nicht mehr der Disposition der Beteiligten[26].

Da das „Steuerrecht kein Folgerecht des Privatrechts“[27] ist, kommt nicht jedem privatrechtlich rückwirkenden Ereignis gleichzeitig steuerrechtliche Rückwirkung zu. Vielmehr stellt sich bei jeder Fallgruppe erneut die Frage nach ihrer steuerlichen Auswirkung.

2. *Rückdatierte und rückbezogene Vereinbarungen*

Wenn auch *rückdatierte Verträge* privatrechtlich möglich sind, so kann ihnen dann steuerrechtlich keine rückwirkende Kraft beigemessen werden, wenn die rechtliche Darstellung nicht den tatsächlichen Gegebenheiten entspricht[28]. Einmal können verwirklichte bzw. nicht verwirklichte Sachverhalte nicht nachträglich rückwirkend geändert bzw. als geschehen dargestellt werden; zum anderen steht die wirtschaftliche Betrachtungsweise der steuerlichen Rückwirkung entgegen.

---

[22] Daher unterliegen beispielsweise Einkünfte aus gewerbsmäßiger Unzucht der Einkommensteuer nach § 22 Nr. 3 EStG, obwohl die zugrunde liegende Vereinbarung gegen die guten Sitten verstößt; BFH (Gr. S.) BStBl. 1964 III, S. 500; BFH StRK § 5 Abs. 2 StAnpG R. 4; BFH BStBl. 1970 II, S. 185, 620; 1967 III, S. 659. Die entgegengesetzte Ansicht des RFH (RStBl. 1931, S. 528), der u. a. das FG Bremen folgte (EFG 1968, S. 357), gründete sich darauf, daß diese Einkünfte unter keine der sieben Einkunftsarten des EStG zu subsumieren seien. Im Grundsatz aber wurde bereits ausgesprochen, daß eine unsittliche oder rechtswidrige Betätigung, die Einkünfte abwirft, einer Besteuerung nicht entgegensteht.

[23] BVerfGE 13, S. 331 (339 f.); *Beker*, S. 18; *Heinlein*, BlStSozArbR 1981, S. 282 (283); *Tipke*, Steuerrecht, S. 7.

[24] Zur Entwicklung: *Kruse*, Steuerrecht, S. 102; *Potthast*, S. 1—6.

[25] *Tipke / Kruse*, § 175 Tz. 11; *Woerner / Grube*, S. 102.

[26] RFH Bd. 23, S. 180; Bd. 33, S. 277; *Herrmann / Heuer / Raupach*, § 4 EStG Anm. 34 b; *Kruse*, Steuerrecht, S. 128; *Kühn / Kutter*, § 38 Anm. 1.

[27] *Tipke*, Steuerrecht, S. 9; *Tipke*, JuS 1970, S. 149.

[28] RFH RStBl. 1935, S. 1193 (1194); *Fritsch*, StuW 1951, Sp. 383 (386); *Lange*, DStZ 1940, S. 349 (351). Auch OLG Koblenz WM 1979, S. 1435 (1436).

Rückbezogene Vereinbarungen dienen dazu, Rechtsfolgen rückwirkend in Kraft zu setzen. Auch in diesen Fällen divergieren in der Regel die rechtliche und die wirtschaftliche Situation. Mit Hilfe rückbezogener Vereinbarungen soll ein Sachverhalt mit Wirkung für die Vergangenheit gestaltet werden.

Solche Rückbeziehungen können grundsätzlich steuerlich nicht anerkannt werden[29]. Ihnen stehen die Grundsätze der wirtschaftlichen Betrachtungsweise und der Unabänderlichkeit der Steueransprüche entgegen: Steueransprüche knüpfen an die tatsächlichen Verhältnisse an.

Auch eine Rückbeziehung entfaltet steuerliche Wirkungen, aber regelmäßig erst ab dem Zeitpunkt ihrer Durchführung[30].

Eine nur scheinbare Ausnahme enthält das BFH-Urteil vom 25. 10. 1960[31]. Danach sind schriftliche Verträge mit rückwirkender Geltung anzuerkennen, wenn sie lediglich früher rechtswirksam abgeschlossene mündliche Vereinbarungen bestätigen. Durch eine solche Vereinbarung wird aber keine rückwirkende Sachverhaltsgestaltung vorgenommen; die tatsächlichen, mit der mündlichen Vereinbarung entstandenen Verhältnisse werden lediglich klargestellt oder bestätigt. Daher liegt schon keine Rückbeziehung vor[32].

Ebenso sind nachträglich abgeschlossene Vergleichsverträge zu behandeln, die in der Vergangenheit liegende Sachverhalte lediglich fest- oder klarstellen[33]; so beispielsweise, wenn durch einen Vergleich ein im Veräußerungsvertrag nicht ziffernmäßig bezeichneter Kaufpreis nachträglich bestimmt wird.

3. *Einzelfälle*

a) Nichtige Rechtsgeschäfte

Nichtig ist ein Rechtsgeschäft, das die nach seinem Inhalt bezweckten Rechtsfolgen von Anfang an nicht herbeiführen kann[34]. Insbesondere

[29] RFH RStBl. 1930, S. 195; 1931, S. 304 (305); 1931, S. 966; 1934, S. 835; 1935, S. 572; 1935, S. 1193; RFH Bd. 23, S. 180; BFH BStBl. 1956 III, S. 17 (18); 1956 III, S. 288; 1958 III, S. 70 (71); 1958 III, S. 299 (300); 1960 III, S. 465; 1960 III, S. 513; 1961 III, S. 67; 1963 III, S. 173 (174); 1970 II, S. 119; 1971 II, S. 64 (65); 1973 II, S. 389 (LS, 391); BFH BB 1980, S. 1137; FG Düsseldorf EFG 1963, S. 573 (574); OLG Koblenz WM 1979, S. 1435 (1436).

[30] RFH Bd. 23, S. 180; 30, S. 195; 33, S. 277; RFH RStBl. 1934, S. 835; 1931, S. 304 (305); 1931, S. 966; 1935, S. 1193; BFH BStBl. 1956 III, S. 17 (18); 1956 III, S. 288 (289); 1958 III, S. 70 (71); 1958 III, S. 299 (300); 1959 III, S. 172 (173); 1960 III, S. 465 (LS, 465); 1960 III, S. 513 (514); 1961 III, S. 67; 1965 III, S. 386 (387); BFH BB 1980, S. 1137.

[31] BFH BStBl. 1961 III, S. 94 (95).

[32] RFH RStBl. 1938, S. 930 (931); *Heinlein,* Steuerliche Betriebsprüfung 1964, S. 5 (8).

[33] BFH BStBl. 1967 III, S. 175 (177); 1973 II, S. 11 (13).

bei Mängeln der Willenserklärung (§ 105 BGB), der Form (§ 125 BGB) und bei Verstößen gegen gesetzliche Verbote und die guten Sitten (§§ 134, 138 BGB) sieht das Gesetz diesen stärksten Grad der Unwirksamkeit[35] vor. Nichtig sind ferner einseitige Rechtsgeschäfte, die ein Minderjähriger ohne die Einwilligung des gesetzlichen Vertreters vornimmt (§ 111 BGB[36]), empfangsbedürftige[37] Willenserklärungen mit einem geheimen Vorbehalt, der dem Vertragspartner bekannt ist (§ 116 Satz 2 BGB), Schein- und Scherzerklärungen (§§ 117, 118 BGB) sowie Verträge, die unmögliche Leistungen, künftiges Vermögen oder den Nachlaß eines noch lebenden Dritten zum Gegenstand haben (§§ 306, 310, 312 Abs. 1 BGB)[38].

Da bei Nichtigkeit die intendierten Rechtsfolgen des Geschäftes von Anfang an nicht erreicht werden können, kommt ihr bürgerlich-rechtlich keine Rückwirkung zu.

Erfährt demnach die Finanzbehörde von einem Nichtigkeitsgrund, nachdem sie den Steuerbescheid erlassen hat, kann eine Korrektur nicht nach § 175 Abs. 1 Satz 1 Nr. 2 AO erfolgen, sondern nach § 173 AO. Ein Ereignis ist nicht nachträglich mit Rückwirkung eingetreten; die Tatsache war bereits bei Erlaß des Steuerbescheides vorhanden, nur war sie den Finanzbehörden noch unbekannt[39].

Lassen die Vertragspartner zunächst die wirtschaftlichen Resultate eines nichtigen Geschäftes bestehen, beseitigen sie diese aber später doch noch, dann ist § 175 Abs. 1 Satz 1 Nr. 2 AO anwendbar. Das besteuerte Geschäft als Tatsache läßt sich nicht mehr beseitigen. § 41 Abs. 1 Satz 1 AO ermöglicht jedoch, die wirtschaftlichen Folgen des nichtigen Geschäftes[40] nachträglich mit steuerlicher Wirkung rückgängig zu machen[41].

---

[34] *Palandt (Heinrichs),* Überbl. v. § 104 Anm. 4 a.

[35] *Larenz,* BGB Allg. Teil, § 23.

[36] Der Sprachgebrauch des BGB ist uneinheitlich; bei § 111 BGB ist in Satz 1 Nichtigkeit gemeint; vgl. *Palandt (Heinrichs),* Überbl. v. § 104 Anm. 4 a, § 111 Anm. 1.

[37] Das folgt aus dem Wortlaut „die einem anderen gegenüber abzugeben ist".

[38] Weitere Fälle vgl. *Palandt (Heinrichs),* Überbl. v. § 104 Anm. 4 a.

[39] BFH BStBl. 1960 III, S. 180; 1963 III, S. 484; 1969 II, S. 445; *Domann,* BB 1979, S. 516 (517); *Paulick,* Allg. Steuerrecht, Rdnr. 1001; *Tipke / Kruse,* § 173 Tz. 15; *Woerner / Grube,* S. 75.

[40] § 41 Abs. 1 Satz 1 AO ist auf alle Fälle der Unwirksamkeit anwendbar. Zur Zeit der Geltung des StAnpG hat es der BFH BStBl. 1966 III, S. 440 abgelehnt, § 5 Abs. 5 StAnpG auf die Fälle der Gesetzes- und Sittenwidrigkeit analog anzuwenden. Die überwiegende Meinung befürwortete jedoch die analoge Anwendung des § 5 Abs. 3 StAnpG auf alle Unwirksamkeitsarten, da die wirtschaftliche Betrachtungsweise bei allen Unwirksamkeitsfällen konsequent anzuwenden ist und sachliche Unterschiede nicht zu ersehen waren; BFH

Dieser Vorgang ist ein Ereignis mit steuerlicher Rückwirkung[42].

Nichtig sind auch Scheingeschäfte (§ 117 Abs. 1 BGB). Ein solches liegt vor, wenn sich der Erklärende und der Erklärungsempfänger darüber einig sind, nur den äußeren Schein eines Vertragsschlusses hervorrufen und die mit dem Vertrag verbundenen Rechtsfolgen nicht eintreten lassen zu wollen[43].

§ 41 Abs. 2 Satz 1 AO[44] nimmt diese Scheingeschäfte sowie Scheinhandlungen[45] von der Regelung des § 41 Abs. 1 AO aus[46]. Die Einschränkung ist gerechtfertigt, weil Scheingeschäfte von Anfang an keine Wirkung entfalten können. Außerdem knüpft die Besteuerung an tatsächliche und nicht an vorgetäuschte Gegebenheiten an. Schließlich kann eine Rückabwicklung nicht in Betracht kommen, weil die Parteien das wirtschaftliche Ergebnis eines Scheingeschäftes nicht eintreten lassen.

Vereinbarungen zwischen Familienangehörigen können häufig steuerlich nicht anerkannt werden, da sie lediglich zum Schein abgeschlossen sind und die tatsächliche Durchführung im Widerspruch zur juristischen Gestaltung steht[47].

Mitunter ist es problematisch, Scheingeschäfte von den verdeckten Geschäften abzugrenzen. Verdeckte Geschäfte — das sind solche, die in Wahrheit von den Beteiligten gewollt werden[48] — sind bürgerlich-rechtlich wirksam, wenn die entsprechenden (Form-)Erfordernisse erfüllt sind (§ 117 Abs. 2 BGB) und unterliegen der Besteuerung (§ 41 Abs. 2 Satz 2 AO).

BStBl. 1954 III, S. 159; 1966 III, S. 378; 1969 II, S. 501 (503); *Becker / Riewald / Koch*, § 5 StAnpG Anm. 4 (5); *Beker*, S. 56, 60; *Tipke*, NJW 1968, S. 868; *Tipke / Kruse* (7. Aufl.), § 5 StAnpG Anm. 22.

[41] s. o. 3. Kap. A IV.

[42] Zu § 5 Abs. 5 Satz 1 StAnpG: RFH RStBl. 1942, S. 587 (588); BFH BStBl. 1959 III, S. 250; zu §§ 175, 41 AO: *Tipke / Kruse*, § 175 Tz. 14, § 41 Tz. 1, 6; *Woerner / Grube*, S. 105.

[43] Münchener Kommentar *(Kramer)*, Bd. 1, § 117 Rdnr. 1.

[44] Vorgänger war § 5 Abs. 1 Satz 1 StAnpG.

[45] Dafür nannte § 5 Abs. 1 Satz 2 StAnpG die Begründung oder die Beibehaltung eines Scheinwohnsitzes als Beispiel; *Tipke / Kruse*, § 41 Tz. 26: zum Schein vorgenommene Tathandlungen.

[46] Ausnahme: BFH BStBl. 1953 III, S. 97. Nach Treu und Glauben können sich diejenigen, die zur Täuschung staatlicher Stellen eine Schenkung zum Schein vorgenommen haben, gegenüber dem Staat nicht auf § 5 Abs. 1 StAnp berufen; Kritik: *Tipke / Kruse*, § 41 Tz. 30, die diese Rechtsprechung ablehnen. In dem Urteil wurden m. E. die Begriffe des steuerrechtlich unbeachtlichen Scheingeschäftes und des relevanten verdeckten Geschäfts verwechselt.

[47] BFH BStBl. 51 III, S. 223; 54 III, S. 317; 56 III, S. 17 (18); 56 III, S. 246 (247); 56 III, S. 345.

[48] *Palandt (Heinrichs)*, § 117 Anm. 3.

Daraus folgt, daß verdeckte Geschäfte mit steuerlicher Wirkung rückgängig gemacht werden können, wenn die Beteiligten auch die wirtschaftlichen Ergebnisse beseitigt haben.

b) Schwebend unwirksame Rechtsgeschäfte

Schwebend unwirksame Rechtsgeschäfte entfalten vorerst keine Wirkungen, da eine Voraussetzung zu ihrer Wirksamkeit noch fehlt. Wird das ausstehende Erfordernis nachgeholt, tritt die Wirksamkeit ein; geschieht das nicht, steht die Unwirksamkeit des Geschäftes endgültig fest[49]. Hinsichtlich der steuerlichen Auswirkungen besteht dann insoweit kein Unterschied zu den nichtigen Rechtsgeschäften: § 175 Abs. 1 Satz 1 Nr. 2 AO ist anwendbar, wenn die Beteiligten später die wirtschaftlichen Folgen des unwirksamen Geschäftes beseitigen (§ 41 Abs. 1 Satz 1 AO).

Hauptsächlich sind die Rechtsgeschäfte schwebend unwirksam, die zu ihrer Wirksamkeit der Zustimmung eines Dritten bedürfen, welche noch nicht erteilt ist. So sind die Rechtsgeschäfte des beschränkt Geschäftsfähigen (§ 108 Abs. 1 BGB), die des Vertreters ohne Vertretungsmacht (§ 177 Abs. 1 BGB) sowie die Verfügungen eines Nichtberechtigten (§ 185 Abs. 1 BGB) ohne Genehmigung schwebend unwirksam. Ein Vertreter kann nicht ohne Zustimmung[50] des Vertretenen Rechtsgeschäfte mit sich selbst oder mit einem von ihm vertretenen Dritten vornehmen. Aus dem Familienrecht können die §§ 1365 Abs. 1 BGB (Zustimmung des Ehegatten bei Rechtsgeschäften über das Vermögen im ganzen oder wesentlicher Teile), 1369 BGB (Geschäfte über Haushaltsgegenstände) und die §§ 1821, 1822, 1829 BGB (notwendige vormundschaftsgerichtliche Genehmigung) als Beispiele genannt werden[51]. Schwebend unwirksam sind auch die Rechtsgeschäfte, die von einer Verwaltungsbehörde zu genehmigen sind[52].

Grundsätzlich treten die Rechtsfolgen eines Tatbestandes erst in dem Zeitpunkt ein, in dem der gesamte Tatbestand verwirklicht ist. Das ist dann der Fall, wenn das fehlende Wirksamkeitserfordernis vorgenommen wird[53]. Handelt es sich aber bei der noch fehlenden Wirksamkeitsvoraussetzung um eine Genehmigung — wie beispielsweise in den Fällen der §§ 108 Abs. 1, 177 Abs. 1, 181, 185 Abs. 2 BGB —, wird die Geltung

---

[49] *Larenz*, BGB Allg. Teil, § 23 VI; *Palandt (Heinrichs)*, Überbl. v. § 104 Anm. 4 c.

[50] Bei § 181 BGB kann die Zustimmung vorher (= Einwilligung) aber auch nachträglich (= Genehmigung) erteilt werden; vgl. §§ 183 Satz 1, 184 Abs. 1 BGB; *Palandt (Heinrichs)*, § 181 Anm. 3; *Larenz*, BGB Allg. Teil, § 30 II a.

[51] Weitere Beispiele: *Larenz*, BGB Allg. Teil, § 23 VI, 24; *Palandt (Heinrichs)*, Überbl. v. § 104 Anm. 4 c; *Tipke / Kruse*, § 41 Tz. 12.

[52] *Palandt (Heinrichs)*, Überbl. v. § 104 Anm. 4 c; § 275 Anm. 9 a.aa.

[53] *Larenz*, BGB Allg. Teil, § 23 VI.

der Rechtsfolgen auf den Zeitpunkt der Vornahme des Rechtsgeschäftes zurückbezogen (§ 184 Abs. 1 BGB). Die Rechtsfolgen sollen gelten, die gegolten hätten, wenn das Geschäft von Anfang an wirksam gewesen wäre[54]. Auch eine behördliche Genehmigung wirkt grundsätzlich auf den Zeitpunkt der Geschäftsvornahme zurück[55].

Nach der Rechtsprechung der Finanzgerichte wirkt die Genehmigung eines schwebend unwirksamen Rechtsgeschäftes grundsätzlich nicht zurück[56]. Im neuen Grunderwerbsteuerrecht[57] bestimmt § 14 Nr. 2, daß die Steuer erst mit Genehmigung entsteht, wenn ein Erwerbsvorgang genehmigungsbedürftig ist. Ausnahmsweise wird die Rückwirkung anerkannt, wenn die (behördliche oder vormundschaftsgerichtliche) Genehmigung unverzüglich beantragt und in angemessener Frist erteilt wird[58].

Daß das Steuerrecht neben dem Privatrecht eine eigenständige Stellung einnimmt, wurde bereits dargelegt[59].

Zur dogmatischen Begründung der Auffassung, daß Genehmigungen schwebend unwirksamer Rechtsgeschäfte steuerlich nicht zurückwirken, ist von § 41 Abs. 1 Satz 1 AO auszugehen. Danach ist die Unwirksamkeit eines Rechtsgeschäftes (nur dann) ohne Bedeutung, wenn das wirtschaftliche Ergebnis aufrechterhalten wird[60]. Werden die wirtschaftlichen Resultate beseitigt, so ist auch für das Steuerrecht die Unwirksamkeit eines Rechtsgeschäftes, an das die Steuer anknüpft, beachtlich[61]. Abgesehen von dem Fall, daß die wirtschaftlichen Folgen bereits eintreten, bevor das noch fehlende Wirksamkeitserfordernis nachgeholt werden konnte, entfaltet das schwebend unwirksame Rechtsgeschäft seine steuerlichen Wirkungen erst ab dem Zeitpunkt seiner Wirksamkeit.

Dies gilt für Genehmigungen ebenso wie für andere Wirksamkeitsvoraussetzungen. So kann ein Ergebnisabführungsvertrag, der nach

---

54 *Larenz*, BGB Allg. Teil, § 24; *Palandt (Heinrichs)*, § 184 Anm. 1.

55 *Larenz*, BGB Allg. Teil, § 23 VI.

56 BFH BStBl. 1951 III, S. 143 (Genehmigung der Militärregierung); BFH BStBl. 1951 III, S. 238 (239); BFH BStBl. 1952 III, S. 157 (behördliche Genehmigung); BFH BStBl. 1953 III, S. 331 (332); BFH BStBl. 1968 II, S. 671 (a. E.); BFH BStBl. 1973 II, S. 307; BFH DB 1981, S. 2206 (2207); FG Düsseldorf EFG 1956, S. 95 (behördliche Genehmigung); FG Düsseldorf EFG 1963, S. 573 (nachträgliche Befreiung vom Verbot des § 181 BGB); FG Baden-Württemberg EFG 1970, S. 550 (LS).

57 GrEStG 1983 vom 17. 12. 1982, BGBl. 1982 I, S. 1777 (1781).

58 BFH BStBl. 1973 II, S. 307; BFH DB 1981, S. 2206 (LS, 2207).

59 s. o. 3. Kap. B I 1.

60 BFH BStBl. 1969 II, S. 501 (503); ein Verstoß gegen § 181 BGB war unbeachtlich, weil die wirtschaftlichen Folgen aufrechterhalten wurden.

61 BFH HFR 1966, S. 132, 133 und *Beker*, S. 18, gelangen mit anderer Begründung zum gleichen Ergebnis.

einer Satzungsänderung, die dem Gesellschafter einer Einmann-GmbH das Selbstkontrahieren gestattet, aber vor Eintragung der Satzungsänderung ins Handelsregister abgeschlossen wurde, steuerlich erst von der Eintragung ab anerkannt werden[62].

Eine Bestätigung nach § 141 BGB muß ebenfalls erst abgegeben worden sein, damit das Geschäft steuerliche Wirkungen entfaltet[63].

Damit kann festgestellt werden, daß sich in den Fällen schwebender Unwirksamkeit weder der Eintritt der Wirksamkeit noch die endgültige Feststellung der Unwirksamkeit steuerlich rückwirkend auswirken, so daß diese Fälle nicht in den Anwendungsbereich des § 175 Abs. 1 Satz 1 Nr. 2 AO fallen. Diese Vorschrift kann — ebenso wie in den Fällen der Nichtigkeit — nur dann angewendet werden, wenn das anfänglich bestehengebliebene wirtschaftliche Ergebnis später noch beseitigt wird.

Im Zusammenhang mit der steuerlichen Behandlung schwebend unwirksamer Rechtsgeschäfte, die schon wirtschaftlich durchgeführt sind — ein Fall des § 41 Abs. 1 Satz 1 AO — ist eine Besonderheit noch hervorzuheben: Nach ständiger Rechtsprechung können Verträge zwischen Familienangehörigen, die den Erfordernissen des Zivilrechts nicht entsprechen, auch dann steuerlich nicht anerkannt werden, wenn die wirtschaftlichen Ergebnisse eingetreten sind und weiter bestehen[64]. Das gleiche gilt für Verträge zwischen Kapitalgesellschaften und den ihnen angehörenden Gesellschaftern[65] sowie für solche zwischen Organträger und Organgesellschaft[66].

Diesen Fällen ist gemeinsam, daß die Beteiligten aufgrund der engen persönlichen Beziehungen untereinander Vermögenswerte verschieben und insbesondere Gewinne verlagern können. Daher müssen die Beteiligten ihre Verhältnisse klar und eindeutig regeln[67]. Die Finanzrechtsprechung verlangt, daß die bürgerlich-rechtlichen Vorschriften einge-

[62] FG Münster EFG 1968, S. 316.

[63] BFH BStBl. 1970 II, S. 119.

[64] BFH BStBl. 1955 III, S. 223 (Gesellschaftsvertrag zwischen Eltern und Kindern); BFH BStBl. 1956 III, S. 17 (18) (Arbeitsvertrag zwischen Eltern und Kindern); BFH BStBl. 1956 III, S. 380 (381); 1957 III, S. 419; 1958 III, S. 254; BFH BStBl. 1962 III, S. 217 (Arbeitsvertrag zwischen Ehegatten); BFH BStBl. 1968 II, S. 671 (zur Genehmigung nach § 1822 Nr. 3 BGB); BFH BStBl. 1973 II, S. 287; 307 (308); FG Baden-Württemberg EFG 1970, S. 550; FG Nürnberg EFG 1968, S. 516 (517).

[65] BFH BStBl. 1955 III, S. 397 (Vertrag zwischen Gesellschafter-Geschäftsführer und Einmann-GmbH); 1956 III, S. 288 (289); BFH BB 1962, S. 1071 (1072); FG Düsseldorf EFG 1962, S. 573 (574); FG Münster EFG 1968, S. 316.

[66] BFH BStBl. 1956 III, S. 151 (153 u. 154).

[67] BFH BStBl. 1956 III, S. 17 (18); 246 (247); 288 (289); 380 (382); 1957 III, S. 419 (420); 1958 III, S. 299 (300); 1961 III, S. 67; 1963 III, S. 440; 1966 III, S. 73 (74); 1968 II, S. 234; 1970 II, S. 114 (115); 1973 II, S. 287 (288); 307 (309); FG Nürnberg EFG 1968, S. 516 (517).

halten werden. Darin sieht sie ein Indiz für die Ernsthaftigkeit der Verträge.

Die Anwendbarkeit des § 175 Abs. 1 Satz 1 Nr. 2 AO hängt in diesen Fällen davon ab, ob diese Rechtsprechung aufrechterhalten werden kann[68].

Die Entscheidungen der Finanzgerichte haben zur Folge, daß nicht die tatsächliche Durchführung der Verträge entscheidend ist, sondern — entgegen § 41 Abs. 1 Satz 1 AO — deren privatrechtliche Wirksamkeit. § 41 Abs. 1 Satz 1 AO soll also bei Verträgen zwischen Beteiligten, die in enger persönlicher Beziehung zueinander stehen, nicht anwendbar sein.

Sofern es sich bei diesen Verträgen um Scheingeschäfte handelt, kann der Auffassung der Finanzgerichte, die auf die privatrechtliche Wirksamkeit abstellt, zugestimmt werden; zum gleichen Ergebnis führt aber auch § 41 Abs. 2 Satz 1 AO. Indem die Gerichte in den verbleibenden Fällen auf die Ernsthaftigkeit eines Vertrages abstellen, ziehen sie ein Kriterium heran, das dem Steuer- und dem Privatrecht fremd ist[69].

Die begründete Gefahr der Gewinnmanipulation zwischen den Beteiligten[70] erfordert schon höhere Anforderungen bei der Überprüfung der Verträge und deren wirtschaftlicher Durchführung. Wenn hierzu auf Klarheit und Eindeutigkeit der Vereinbarungen und auf die Angemessenheit von Leistung und Gegenleistung abgestellt wird, kann Mißbräuchen ebenfalls vorgebeugt werden. Diese Kriterien liegen aber im Bereich der „tatsächlichen Verhältnisse", die für das Steuerrecht letztlich entscheidend sind.

Demnach kann der Rechtsprechung nicht zugestimmt werden. Sofern keine Scheingeschäfte vorliegen, findet § 41 Abs. 1 Satz 1 AO auf Verträge zwischen nahestehenden Personen Anwendung.

§ 175 Abs. 1 Satz 1 Nr. 2 AO ist demnach bei allen schwebend unwirksamen Rechtsgeschäften anwendbar, wenn die Unwirksamkeit feststeht und die Beteiligten das anfänglich eingetretene wirtschaftliche Ergebnis daraufhin wieder beseitigen.

c) Relativ unwirksame Rechtsgeschäfte

Bei relativ unwirksamen Rechtsgeschäften wirkt sich die Unwirksamkeit nur im Verhältnis zu einer oder mehreren bestimmten Personen aus. Allen anderen Personen gegenüber werden die Rechtsgeschäfte als wirksam angesehen[71]. Auch bei dieser Fallgruppe können die von den

[68] Kritik: *Tipke / Kruse*, § 41 Tz. 14; das BVerfG (HFR 1967, S. 465) hält die finanzgerichtliche Rechtsprechung für vereinbar mit Art. 3 Abs. 2 GG.

[69] *Tipke / Kruse*, § 41 Tz. 14.

[70] BVerfG HFR 1967, S. 465 (466); BFH BStBl. 1963 III, S. 440 (441).

Parteien beabsichtigten Rechtsfolgen von Anfang an nicht eintreten. Daher gehören auch diese Fälle nur dann dem Anwendungsbereich des § 175 Abs. 1 Satz 1 Nr. 2 AO an, wenn das anfänglich eingetretene wirtschaftliche Ergebnis nachträglich wieder beseitigt wird.

d) Anfechtung

Rechtsgeschäfte können nicht nur von Anfang an unwirksam sein, sondern auch nachträglich unwirksam werden. Eine Möglichkeit hierzu bietet die Anfechtung.

Durch die Ausübung des Anfechtungsrechts, welches bei Irrtum (§§ 119, 2078 BGB), falscher Übermittlung (§ 120 BGB) und Täuschung bzw. Drohung (§ 123 BGB) gegeben ist, wird das angefochtene Rechtsgeschäft nach § 142 Abs. 1 BGB mit rückwirkender Kraft vernichtet.

Umstritten ist, ob eine Anfechtung auf einen Irrtum über die Steuerfolgen eines Geschäftes gestützt werden kann.

Wenn gelegentlich diese Möglichkeit als Irrtum über die Rechtsfolgen für zulässig erachtet wird[72], so ist entgegenzuhalten, daß ein Rechtsfolgenirrtum sich nur auf die unmittelbaren bürgerlich-rechtlichen Folgen beziehen kann, nicht jedoch auf Nebenwirkungen des betreffenden Geschäfts[73]. Außerdem gelten die §§ 119 ff. BGB grundsätzlich nur für Willenserklärungen, die Bestandteile privater Rechtsgeschäfte sind. Eine analoge Anwendung dieser Vorschriften im Steuerrecht muß verneint werden, da es sich beim Steuerrechtsverhältnis nicht um ein dem Privatrechtsgeschäft vergleichbares Rechtsverhältnis handelt. Ob eine Erklärung gegenüber den Finanzbehörden — eine Steuererklärung etwa — berichtigt, ergänzt oder widerrufen kann, bestimmt sich allein nach dem Steuerrecht[74].

Generell scheidet eine nachträgliche Erkenntnis über die Steuerpflicht aus der Betrachtung aus, da sie nicht auf den Zeitpunkt der Abgabe der Willenserklärung zurückbezogen werden kann; denn die Erklärung selbst ist nicht irrtumsbehaftet[75]. Daher liegt ein unbeachtlicher Motivirrtum vor, der für die Anfechtung bedeutungslos ist[76].

---

[71] *Larenz*, BGB Allg. Teil, § 23 IV; *Palandt (Heinrichs)*, Überbl. v. § 104 Anm. 4 b; Beispiele: §§ 135 Abs. 1 S. 1, 136, 883 BGB, § 7 KO.

[72] RGZ 116, S. 17; wohl auch BGH BB 1958, S. 512; *Megow*, DStZ/A 1952, S. 21.

[73] RGZ 134, S. 195; *Gaffron*, DB 1971, S. 297 (299); *Judeich*, WPg 1958, S. 514 (515).

[74] BFH BStBl. 1967 III, S. 208.

[75] BFH HFR 1961, S. 184 = StRK § 3 ErbStG R. 24.

[76] BFH DB 1961, S. 226; BFH HFR 1961, S. 184; BFH BStBl. 1967 III, S. 208 (208 u.); *Beker*, S. 70/71; *Kayser*, WPg 1968, S. 481 (484); *Judeich*, WPg 1958, S. 514 (515); *Judeich / Felix*, § 5 StAnpG Tz. 27; *Tipke*, NJW 1968, S. 865.

Die steuerliche Behandlung des angefochtenen Geschäftes folgt wiederum aus § 41 Abs. 1 Satz 1 AO („... wird ein Rechtsgeschäft unwirksam"), allerdings nur unter der Voraussetzung, daß die wirtschaftlichen Ergebnisse beseitigt werden[77].

Ebensowenig wie zivilrechtlich ein vollzogener Gesellschaftsvertrag mit Wirkung ex tunc angefochten werden kann[78], kann der Anfechtung in solchen Fällen steuerliche Wirkung für die Vergangenheit zukommen[79]. Rechtssicherheit und Rechtsklarheit erfordern, daß die Gesellschaft lediglich mit Wirkung für die Zukunft aufgelöst wird. Einmal läßt sich die Gesellschafterstellung eines Beteiligten nicht rückwirkend aufheben, zum anderen kann der Vollzug der Gesellschaft nicht beseitigt werden, da einzelne Vermögensverfügungen wegen der gesamthänderischen Verbundenheit nicht rückgängig gemacht werden können. Die wirtschaftliche Betrachtungsweise verlangt, daß wirtschaftliche Ergebnisse, die nicht beseitigt werden können, besteuert werden[80].

Von diesen Besonderheiten abgesehen, gehört die Anfechtung zu den typischen Ereignissen mit rückwirkender Kraft. Die steuerliche Rückwirkung ergibt sich aus § 41 Abs. 1 Satz 1 AO.

e) Auflösende Bedingung

Nach § 158 Abs. 2 BGB ist ein Rechtsgeschäft auflösend bedingt, wenn seine Wirkung mit dem Eintritt der Bedingung endet. Unter einer Bedingung ist in diesem Zusammenhang nur die rechtsgeschäftliche Regelung zu verstehen, nach der die Wirkungen des Rechtsgeschäftes von einem zukünftigen ungewissen Ereignis abhängig gemacht werden[81]. Damit unterscheiden sie sich von den sogenannten Rechtsbedingungen — darunter versteht man die gesetzlichen Wirksamkeitsvoraussetzungen, die im Zeitpunkt des Vertragsschlusses noch ausstehen, aber nachgeholt werden können[81, 82].

Wie das unbedingte Rechtsgeschäft, so ist auch das bedingte voll gültig; lediglich die Wirkungen des Geschäftes hängen vom Eintritt der

---

[77] Zu § 5 Abs. 4 StAnpG: RFH RStBl. 1933, S. 1226 (1228); 1936, S. 678 (680); OFH StuW 1951 Nr. 48; BFH BStBl. 1963 III, S. 44; 1971 II, S. 597 (598).

[78] BGHZ 3, S. 285; 13, S. 320 (322); 26, S. 330; 55, S. 5 (9).

[79] BFH BStBl. 1976 II, S. 656 (657); *Woerner / Grube*, S. 106; *Schwarz (Frotscher)*, § 175 Rdnr. 7.

[80] BFH BStBl. 76 II, S. 656 (657).

[81] *Larenz*, BGB Allg. Teil, § 25 I a. E.; *Palandt (Heinrichs)*, Einf. v. § 158 Anm. 2.

[82] Eine andere Frage, nämlich eine des Steuerrechts, ist die, ob eine Steuerschuld unter einer Bedingung steht; *Becker / Riewald / Koch*, § 4 StAnpG Anm. 4 (1); *Beker*, S. 20, 21; vgl. dazu unten, 3. Kap. B III 2. Die Rechtsbedingungen wurden oben unter b) behandelt.

Bedingung ab (§ 158 Abs. 2 BGB). Der Bedingungseintritt wirkt nicht zurück[83].

Das gleiche gilt nach § 159 BGB auch für eine vereinbarte Rückbeziehung. Ihr kommt nur eine schuldrechtliche Bedeutung zu[84]. Eine Rechtsänderung ex tunc bewirkt auch die vereinbarte Rückbeziehung nicht.

Aufgrund dieser bürgerlich-rechtlichen Wirkung erfüllt der Eintritt der auflösenden Bedingung nur dann den Tatbestand des § 175 Abs. 1 Nr. 2 AO, wenn das Steuerrecht abweichend eine Rückwirkung anerkennt.

Da das ursprüngliche Geschäft nicht entfällt, also keine dinglichrechtliche Rückwirkung vorliegt, wurde nach einer in der Literatur vertretenen Ansicht die Anwendung des § 4 Abs. 3 Ziff. 2 StAnpG abgelehnt[85]; denn die Rückgängigmachung könne nur durch ein neues Geschäft vorgenommen werden, das die Wirkungen des ersten unberührt lasse[86].

Ob nach dem Inkrafttreten der §§ 41 Abs. 1 Satz 1, 175 Abs. 1 Satz 1 Nr. 2 AO an dieser Ansicht festgehalten werden kann, erscheint zweifelhaft. Bürgerlich-rechtlich ist es im Ergebnis gleichgültig, ob die Parteien aufgrund gesetzlicher Regelungen die Rückabwicklung eines Rechtsgeschäftes verlangen können oder ob das Gesetz ihnen die Verpflichtung auferlegt, sich so zu stellen, als habe ein Leistungsaustausch nicht stattgefunden. Sowohl nach der wirksamen Anfechtung als auch im Falle des § 159 BGB richtet sich die Rückgewähr der Leistungen nach § 812 BGB[87]. Die steuerrechtlichen Bestimmungen enthalten keinen Hinweis zur Lösung des Problems. § 175 Abs. 1 Satz 1 Nr. 2 AO unterscheidet nicht, ob die Wirkung für die Vergangenheit dinglich-rechtlicher oder schuldrechtlicher Natur ist; § 41 Abs. 1 Satz 1 AO trifft keine Unterscheidung zwischen einer ex nunc und einer ex tunc wirkenden Unwirksamkeit.

Die §§ 175 Abs. 1 Satz 1 Nr. 2, 41 Abs. 1 Satz 1 AO erlauben die Rückgängigmachung eines Geschäftsvorfalles mit steuerlicher Wirkung nur, wenn sich das Ereignis auf den Zeitpunkt auswirkt, in dem der Steueranspruch entsteht[88]. Hinzu kommt, daß sich die Beteiligten wirtschaftlich

---

[83] *Larenz*, BGB Allg. Teil, § 25 IV; *Palandt (Heinrichs)*, § 159 Anm. 1.

[84] Münchener Kommentar *(Westermann)*, § 159 Rdnr. 3; *Palandt (Heinrichs)*, § 159 Anm. 1.

[85] *Beckmann*, BB 1967, S. 532 (533); *Beker*, S. 20; *Littmann*, § 2 Rdnr. 134; *Sauer*, StuW 1975, S. 19 (22); *Tipke*, NJW 1968, S. 865 (868); *Tipke / Kruse* (7. Aufl.), § 4 StAnpG A. 4 c.

[86] *Sauer*, StuW 1975, S. 19 (22); *Tipke*, NJW 1968, S. 866 (868).

[87] *Palandt (Heinrichs)*, § 159 Anm. 1; *Palandt (Thomas)*, § 812 Anm. 6 A c.

[88] s. o. 3. Kap. A III.

so stellen müssen, als sei der Vorgang von Anfang an nicht oder mit anderem Inhalt durchgeführt worden[89].

Im Zusammenhang mit § 159 BGB sind diese Voraussetzungen dann erfüllt, wenn bereits beim Vertragsschluß eine auflösende Bedingung mit dem Inhalt des § 159 BGB vereinbart wird, und zwar bezogen auf den Entstehungszeitpunkt des Steueranspruchs. Denn dann liegt der Anknüpfungspunkt für die spätere Rückgängigmachung bereits in dem Zeitpunkt vor, in dem der Steuertatbestand verwirklicht wird[90]. Wird ein Rechtsgeschäft mit dem Eintritt einer auflösenden Bedingung, bezogen auf die Tatbestandsverwirklichung, unwirksam, können auch die wirtschaftlichen Folgen mit steuerlicher Wirkung beseitigt werden (§ 41 Abs. 1 Satz 1 AO)[91].

Dieser Fall ist mit den Fallgruppen der ex tunc wirkenden Unwirksamkeit vergleichbar und somit auch gleich zu behandeln.

Somit ist nicht die Frage entscheidend, ob eine obligatorische oder dingliche Rückwirkung Grundlage für die Beseitigung der wirtschaftlichen Resultate eines Geschäftes ist[92], sondern die, ob dem Vertrag bei Abschluß bereits der Grund für die spätere Rückgängigmachung anhaftet[93].

Allgemein müssen also folgende Voraussetzungen erfüllt sein, wenn eine obligatorische Rückwirkung eine Korrektur nach § 175 Abs. 1 Satz 1 Nr. 2 AO auslösen soll:

— Mit Vertragsschluß muß der Anknüpfungspunkt für die spätere Rückgängigmachung klar und eindeutig gelegt sein;

— die Vereinbarung muß sich auf den Zeitpunkt der Verwirklichung des Steuertatbestandes beziehen;

— die Vereinbarung darf nur die Rückabwicklung, also die Beseitigung der wirtschaftlichen Ergebnisse des Geschäftes, zur Folge haben[94].

---

[89] s. o. 3. Kap. A IV.

[90] *Fritsch*, StuW 1951, Sp. 383 (385).

[91] *Tipke / Kruse*, § 41 Tz. 19.

[92] *Seweloh*, StuW 32, Sp. 1683 (1703).

[93] *Meyer-Arndt*, S. 297 (307) stellt auf die Kausalbeziehung ab. Auch *Beker*, S. 67, erwähnt die Rückgängigmachung aufgrund einer ursprünglichen Vereinbarung der Bedingung.

[94] Neue Vereinbarungen im Zusammenhang mit der Rückgängigmachung dürfen nicht geschlossen werden (etwa: neuer Kaufvertrag mit der Befugnis, für einen bestimmten Kaufpreisteil den Gegenstand eines früheren Kaufvertrages zurückzugeben; oder: Hingabe des alten Kaufgegenstandes gegen einen neuen — Tausch — und Zahlung des Differenzbetrages — Kauf). Im Umsatzsteuerrecht wird die Rückgängigmachung von der Rücklieferung (= ein zweiter, selbständiger Geschäftsvorfall) unterschieden; mit den o. g. Kriterien kann vermieden werden, daß sich ein Vertragspartner bereits mit Ver-

Unter diesen Voraussetzungen gehört die auflösende Bedingung zum Anwendungsbereich des § 175 Abs. 1 Satz 1 Nr. 2 AO[95].

Daneben kann der Tatbestand des § 175 Abs. 1 Satz 1 Nr. 2 AO auch verwirklicht werden, wenn das Steuerrecht abweichend vom Privatrecht bei Bedingungen eine Rückwirkung anerkennt. So werden auflösend bedingt erworbene Wirtschaftsgüter nach § 5 Abs. 1 BewG wie unbedingt erworbene behandelt. Tritt die Bedingung ein, wird die Festsetzung bei nicht laufend veranlagten Steuern nach dem tatsächlichen Wert des Erwerbes berichtigt (§ 5 Abs. 2 BewG). Gleiches gilt nach § 7 Abs. 2 BewG für Lasten, deren Fortdauer auflösend bedingt ist. In diesen Zusammenhang gehört auch § 14 Abs. 2 BewG[96].

Diese Vorschriften bewirken, daß sich die Besteuerung rückwirkend den Sachverhaltsänderungen anpaßt[97].

f) Rücktritt

Durch die Erklärung des Rücktritts wird ein Schuldverhältnis einseitig aufgelöst[98].

Die §§ 346 ff. BGB gehen von einem vertraglich vorbehaltenen Rücktrittsrecht aus. Größere Bedeutung erlangen diese Vorschriften dadurch, daß sie auch bei gesetzlichen Rücktrittsrechten Anwendung finden (§ 327 Satz 1 BGB), wobei die §§ 325, 326 BGB die wichtigsten Fälle sind. Die Auswirkungen des Rücktritts sind umstritten.

Nach einer Meinung erlischt durch den Rücktritt das gesamte Schuldverhältnis mit Wirkung für die Vergangenheit[99], nach einer anderen erlöschen die Erfüllungsansprüche, wenn noch keine Leistung erfolgt ist, anderenfalls wird das Schuldverhältnis zu einem Abwicklungsverhältnis umgestaltet[100]. Die Vertragspartner haben sich die bereits erbrachten

---

tragsschluß zu einer Rücklieferung verpflichtet, um die Umsatzsteuer im Falle der Rücklieferung zu umgehen.

[95] Rspr. zu § 4 Abs. 3 Ziff. 2 StAnpG: BFH BStBl. 1963 III, S. 509 (510); 1968 II, S. 116; 1970 II, S. 119.

[96] BFH Bd. 128, S. 266 (267, 269 f.): Ist ein Darlehen auf unbestimmte Zeit hingegeben, so ist der Kapitalwert mit dem 9fachen des Jahreswertes anzusetzen (§ 23 Abs. 1 ErbStG i. V. m. § 13 Abs. 2 BewG). Gemäß § 609 BGB steht ein auf unbestimmte Zeit gegebenes zinsloses Darlehen unter dem Vorbehalt der Kündigung. Wird sie ausgesprochen, wird der Kapitalisierungsfaktor rückwirkend auf den Stichtag verändert. Da dieser Fall mit dem des § 14 Abs. 2 BewG vergleichbar ist, muß auch hier korrigiert werden, und zwar nach § 175 Abs. 1 Satz 1 Nr. 2 AO.

[97] *Judeich / Felix*, § 3 StAnpG Tz. 35; *Kühn / Kutter*, § 175 Anm. 3 a.

[98] *Larenz*, SchuldR I, § 19 II b, § 26 a; *Palandt (Heinrichs)*, Einf. v. § 346 Anm. 1.

[99] *Erman (Westermann)*, vor § 346 Anm. 1; wohl *Tipke / Kruse*, § 41 Tz. 20; BGH BB 1979, S. 647 (648 a. E.); FG Düsseldorf (n. rkr.) DStZ/B 1963, S. 227.

Leistungen zurückzugewähren (§ 346 Satz 1 BGB). Nimmt man an, der Rücktritt führe zum Erlöschen des Schuldverhältnisses ex tunc, so ist seine Ausübung ein rückwirkendes Ereignis i. S. des § 175 Abs. 1 Satz 1 Nr. 2 AO.

Aber auch nach der Auffassung, nach der ein Abwicklungsverhältnis entsteht, kann § 175 Abs. 1 Satz 1 Nr. 2 AO anwendbar sein, vorausgesetzt, man folgt der unter e) entwickelten Ansicht, nach der es auf die Unterscheidung zwischen dinglich-rechtlicher und obligatorischer Rückwirkung nicht ankommt. Dann muß aber mit dem Vertragsschluß der Anknüpfungspunkt für die spätere Rückgängigmachung feststehen. Gesetzliche Rücktrittsrechte stehen dem Berechtigten mit dem Vertragsschluß zu, vertraglich begründete Rücktrittsrechte müssen bereits mit dem ursprünglichen Vertrag vereinbart werden.

Das Rücktrittsrecht muß sich ferner auf den Zeitpunkt auswirken, in dem der Steuertatbestand verwirklicht wurde. Weitere Voraussetzung ist, daß der zum Rücktritt führende Grund bereits bei Vertragsschluß bzw. bei der Vertragsdurchführung vorliegt[101]. Der Steuertatbestand wird nämlich nicht tangiert, wenn der Vertrag aufgrund eines Ereignisses rückgängig gemacht werden soll, das nach seinem Vollzug eingetreten ist[102]. Denn bis zu dem Zeitpunkt, in dem der spätere Rücktrittsgrund entsteht, war das Geschäft rechtlich und wirtschaftlich „gesund". Der Steuertatbestand kann nicht mehr rückwirkend entfallen. Nur dann, wenn das Geschäft an einem anfänglichen Mangel leidet, kann es mit steuerlicher Wirkung rückgängig gemacht werden und nur dann ist die hier behandelte Fallgruppe mit denjenigen vergleichbar, die eine ex-tunc-Unwirksamkeit nach sich ziehen.

Unter diesen Voraussetzungen gehört der Rücktritt zum Anwendungsbereich des § 175 Abs. 1 Satz 1 Nr. 2 AO. Die Rechtslage hat sich damit im Vergleich zu derjenigen unter der Herrschaft der RAO und des StAnpG nicht geändert[103].

---

[100] *Larenz,* SchuldR I, § 26 a, b; Münchener Kommentar *(Janßen),* vor § 346 Rdnr. 26, 29; *Palandt (Heinrichs),* Einf. vor § 346 Anm. 1 b mit weiteren Nachweisen; dies ist die überwiegende Meinung; ebenso BFH BStBl. 1968 II, S. 116 (LS 1, 117).

[101] *Beker,* S. 76.

[102] BFH BStBl. 1960 III, S. 465 (466); dies gilt auch dann, wenn die Beteiligten einem solchen Rücktritt Rückwirkung beilegen; RFH RStBl. 1936, S. 678 (680); BFH BStBl. 1956 III, S. 131 (132) zu § 17 Abs. 2 S. 3 GrEStG.

[103] RFH RStBl. 1933, S. 1226 (1228) zu § 225 Abs. 2 RAO 1931; BFH BStBl. 1968 II, S. 116 (LS 1, 117); dies folgt auch aus BFH BStBl. 1973 II, S. 593 (594): der Rücktritt wird hier den Fällen der Nichtigkeit und der Anfechtbarkeit gleichgestellt. *Beker,* S. 76; *Friedrich,* StuW 1976, S. 373.

g) Wegfall der Geschäftsgrundlage

Ein Rücktrittsrecht kann auch bei einem Wegfall der Geschäftsgrundlage entstehen. Zwar ist dieses Institut grundsätzlich auf die Anpassung der rechtsgeschäftlichen Folgen an die veränderten Sachverhalte ausgerichtet; aber ausnahmsweise führt es zum Rücktritt vom Vertrag, wenn seine Fortsetzung nicht mehr zumutbar ist[104].

Die Geschäftsgrundlage wird gebildet durch die nicht zum eigentlichen Vertragsinhalt erhobenen, aber bei Vertragsschluß zutage getretenen gemeinschaftlichen Vorstellungen beider Vertragsparteien vom Vorhandensein, dem künftigen Eintritt oder dem Fortbestand gewisser Umstände, auf denen sich der Vertragswille aufbaut. Geschäftsgrundlage sind auch die entsprechenden Vorstellungen einer Vertragspartei, die dem Geschäftsgegner erkennbar waren und von ihm nicht beanstandet wurden[105]. Zum Anwendungsbereich gehören die in diesem Zusammenhang bedeutsamen Fälle des beiderseitigen Irrtums über die Geschäftsgrundlage[106].

Daß auch steuerliche Erwägungen die Geschäftsgrundlage bilden können, erkennt die Rechtsprechung unter der Voraussetzung an, daß diese Folgen vor oder bei Vertragsschluß ausdrücklich erörtert worden sind[107]. Einseitige Erwartungen nur einer Partei sind unerheblich[108].

Die Anpassung eines Vertrages aufgrund der Änderung bzw. der Rücktritt vom Vertrag nach Wegfall der Geschäftsgrundlage können eine Korrektur nur dann zur Folge haben, wenn die Parteien, entsprechend den zivilrechtlichen Voraussetzungen, von Anfang an über die Steuerfolgen irrten. Eine nachträgliche Erkenntnis über die Steuerpflicht kann nicht auf den Zeitpunkt zurückbezogen werden, in dem die Willenserklärungen abgegeben wurden[109]. Nur wenn von Anfang an ein

---

[104] *Palandt (Heinrichs)*, § 242 Anm. 6 B f.

[105] BGH NJW 1976, S. 565 (566) m. w. N.; BFH BB 1978, S. 1033; BGH WM 1982, S. 795 (797); KG Berlin BB 1982, S. 944 (945); *Palandt (Heinrichs)*, § 242 Anm. 6 B a; die Definition wurde auch im Steuerrecht übernommen: BFH BStBl. 1956 III, S. 131 (132); FG Düsseldorf DStZ/B 1959, S. 410 (411); *Beker*, S. 79.

[106] *Palandt (Heinrichs)*, § 242 Anm. 6 C d aa.

[107] RGZ 22, S. 81; 85, S. 103 (106 ff.); 125, S. 37 (40); 147, S. 228 (232); BGHZ 2, S. 177; BGH NJW 1951, S. 517 (518); KG Berlin BB 1982, S. 944; vgl. auch *Kapp*, BB 1979, S. 1207 (1208 f.); BFH BStBl. 1959 III, S. 250 (251); 1962 III, S. 255 (257); BFH DB 1961, S. 226; *Palandt (Heinrichs)*, § 242 Anm. 6 C d aa.

[108] BGH NJW 1951, S. 517 (LS, 518); BGH NJW 1967, S. 1081 (1082); *Kapp*, BB 1979, S. 1207 (1208).

[109] BFH BStBl. 1956 III, S. 131 (132): hier wurde ein Kaufvertrag nicht rückgängig gemacht, sondern ein neuer Vertrag mit umgekehrten Parteirollen geschlossen. Ein solcher Vorgang ist bei gleichen Formerfordernissen und gleichem Kaufpreis einer Rückgängigmachung gleich zu erachten. BFH BB 1961, S. 226 = HFR 1961, S. 184 = StRK § 3 ErbStG R. 24; BFH BStBl. 1962 III, S. 255; FG Düsseldorf DStZ/B 1959, S. 410 (412); *Beker*, S. 90.

Irrtum über die Steuerpflicht bestand, ist „der Keim zum späteren Fortfall des Tatbestandsmerkmales" in den Zeitpunkt gelegt, in dem der Steueranspruch entsteht[110].

Werden auch die wirtschaftlichen Ergebnisse eines Rechtsgeschäftes, das über das Institut des Wegfalls der Geschäftsgrundlage in seinen Rechtsfolgen angepaßt oder aufgehoben wird, beseitigt, so kann der Steuerbescheid über § 175 Abs. 1 Satz 1 Nr. 2 AO korrigiert werden.

h) Wandelung und Minderung

Unter „Wandelung" ist nach der Legaldefinition der §§ 462, 634 BGB die Rückgängigmachung eines Kauf- oder Werkvertrages zu verstehen.

Da § 467 BGB auf die für den Rücktritt geltenden Vorschriften der §§ 346 ff. BGB verweist[111], kann auf die Ausführungen zum Rücktritt verwiesen werden[112].

Da die Wandelung Mängel oder fehlende zugesicherte Eigenschaften spätestens im Zeitpunkt des Gefahrübergangs (§ 459 Abs. 1 BGB) voraussetzt, also spätestens bei Übergabe der Kaufsache, bestehen im Hinblick auf die Anwendung der §§ 175 Abs. 1 Satz 1 Nr. 2, 41 Abs. 1 Satz 1 AO keine besonderen Probleme; denn die Ursache für die Rückabwicklung des Vertrages muß bei Gefahrübergang und damit in dem Zeitpunkt gegeben sein, in dem er wirtschaftlich durchgeführt wird. Damit wirkt sich die Beseitigung der wirtschaftlichen Ergebnisse des Kauf- oder Werkvertrages auf die Vergangenheit aus.

Die Minderung, die zu einer Herabsetzung des Kaufpreises oder des Werklohnes führt (§§ 462, 634 BGB), löst ebenfalls eine Korrektur des ergangenen Steuerbescheides aus. Auch die Voraussetzungen der Minderung müssen schon nach dem BGB bei Gefahrübergang erfüllt sein.

Die bisher zu dieser Fallgruppe ergangene Rechtsprechung[113] kann auch zu den §§ 175 Abs. 1 Satz 1 Nr. 2, 41 Abs. 2 AO aufrechterhalten werden.

i) Aufhebung, Änderung und Klarstellung von Vertragsverhältnissen

Ein einmal entstandener Steueranspruch kann grundsätzlich nicht mehr nachträglich beeinflußt werden. Da rückwirkende Sachverhalts-

---

[110] *Genschmer*, DB 1963, S. 1585 (1587).

[111] Zum Unterschied zwischen Wandelung und Rücktritt: *Weimar*, MDR 1976, S. 287 (288).

[112] s. o. 3. Kap. B I. 3 f.

[113] Zur Wandelung: RFH RStBl. 1933, S. 1226 (1228); RFH StuW 1936 II Nr. 215; FG Düsseldorf DStZ/B 1963, S. 227. — Zur Minderung: RFH RStBl. 1936, S. 678 (680) = StuW 1936 II Nr. 215; BFH BStBl. 1974 II, S.540.

gestaltungen in der Regel steuerlich nicht anerkannt werden, können auch Vertragsverhältnisse, an die eine Steuer anknüpfte, nicht mehr einvernehmlich zwischen den Beteiligten mit steuerlicher Wirkung für die Vergangenheit aufgehoben werden[114]. Gleiches gilt, wenn nachträglich eingetretene Umstände zum teilweisen Erlaß einer Forderung führen[115].

Aufhebung und Erlaß und deren nachfolgende tatsächliche Durchführung können nur zur Korrektur nach den §§ 175 Abs. 1 Satz 1 Nr. 2, 41 Abs. 1 Satz 1 AO führen, wenn der „Keim" hierfür bereits vorlag, als der Steuertatbestand verwirklicht wurde.

Auch ein durchgeführter Vergleichsvertrag i. S. des § 779 BGB kann die Voraussetzungen der o. g. AO-Vorschriften erfüllen. Ein Vergleichsvertrag beinhaltet nur dann eine Regelung für die Vergangenheit, wenn er dazu dient, einen ernstlichen Streit beizulegen und gleichzeitig den ursprünglichen Sachverhalt klar- und festzustellen[116]. Dagegen kann ein Vergleichsvertrag steuerlich nicht anerkannt werden, wenn er eine nachträgliche Sachverhaltsänderung bezweckt[117].

Die Rechtsprechung bejahte zu den Vorgänger-Vorschriften der §§ 175, 41 AO beispielsweise eine Korrektur, wenn die Beteiligten auf einen Teil des Erbschaftsvermögens verzichten, nachdem sie sich über die Unwirksamkeit des Testaments geeinigt haben und nunmehr die Erbschaftsteilung anders regeln[118].

Nach heutigem Recht kann ein Steuerbescheid nach § 175 Abs. 1 Satz 1 Nr. 2 AO korrigiert werden, wenn sich die Parteien über den Erfolg einer etwaigen Anfechtung einig sind und auf dieser Grundlage ohne Anfechtungserklärung das gleiche Ergebnis herbeiführen, das eine Anfechtung bewirkt hätte[119]. Daraus kann aber m. E. nur mit Einschränkungen geschlossen werden, daß ein Rechtsgeschäft für die Besteuerung als unwirksam behandelt werden soll, wenn es die Parteien — obwohl bürgerlich-rechtlich wirksam — als unwirksam behandeln[120]. Auf die

[114] BFH BStBl. 1960 III, S. 465; 1964 III, S. 359 (361).

[115] RFH RStBl. 1933, S. 1226 (1228): Die spätere Wertminderung der Aktien zog einen Teilerlaß des Veräußerungspreises nach sich.

[116] RFH RStBl. 1933, S. 1226 (1226 f.); BFH BStBl. 1967 III, S. 175 (177); 1971 II, S. 597 (598); 1973 II, S. 11 (13); 1976 II, S. 656 (657).

[117] RFH RStBl. 1938, S. 857; 1940, S. 417 (421); 1942, S. 1063 (1064); BFH BStBl. 1957 III, S. 447; 1967 III, S. 175 (177).

[118] RFH RStBl. 1938, S. 857; 1938, S. 929; 1939, S. 935; 1940, S. 417 (421); 1942, S. 1063 (1064); 1944, S. 27 (LS, 28); BFH BStBl. 1957 III, S. 447; 1967 III, S. 175; BFH StRK § 1 StAnpG R. 390.

[119] RFH RStBl. 1939, S. 935 (936); OFH StuW 1951 Nr. 48, S. 87.

[120] *Tipke / Kruse*, § 41 Tz. 1, vertreten die Auffassung, daß es nicht auf die bürgerlich-rechtliche Wirksamkeit der Vorgänge, sondern allein auf ihre tatsächliche Behandlung ankomme.

bürgerlich-rechtliche Wirksamkeit kommt es dann nicht an, wenn ein wirksames Geschäft tatsächlich nicht durchgeführt wird. Ist aber ein Vertrag erfüllt worden und stellen sich die Beteiligten dann auf den Standpunkt, er sei unwirksam, so kann dies nicht zur Korrektur über die §§ 175 Abs. 1 Satz 1 Nr. 2, 41 Abs. 1 Satz 1 AO führen. § 41 Abs. 1 Satz 1 AO geht nämlich prinzipiell davon aus, daß das Privatrecht auch für das Steuerrecht gilt; nur dann, wenn die wirtschaftliche Behandlung eines Vorgangs von der rechtlichen abweicht, richtet sich das Steuerrecht nach der wirtschaftlichen Behandlung[121]. Außerdem würde die o. g. Auffassung, ohne Einschränkung vertreten, dazu führen, daß infolge von Vereinbarungen jedes Rechtsgeschäft mit steuerlicher Wirkung rückgängig gemacht oder abgeändert werden könnte.

Ein im Rahmen des § 175 Abs. 1 Satz 1 Nr. 2 AO beachtlicher Vergleichsvertrag liegt auch dann vor, wenn darin die Höhe eines Veräußerungspreises nachträglich klargestellt wird, weil er im Kaufvertrag ziffernmäßig nicht bestimmt war[122].

Prozeßvergleiche können ebenfalls eine Korrektur auslösen[123]; für sie gelten die gleichen Voraussetzungen wie sie für die bürgerlich-rechtlichen Vergleiche aufgestellt wurden.

Vergleiche können aber dann keine Wirkung für die Vergangenheit haben, wenn die zugrunde liegenden Vorgänge nicht rückgängig gemacht werden können. Dies hat der BFH[124] zu einem Vergleich ausgesprochen, der im Zusammenhang mit der Rückgängigmachung eines Gesellschaftsvertrages stand.

II. Fallgruppen aus der steuerlichen Beratungspraxis und aus der Rechtsprechung der Finanzgerichte

Der Anwendungsbereich des § 175 Abs. 1 Satz 1 Nr. 2 AO erschöpft sich nicht in den Fällen, die im BGB angesiedelt sind. In der steuerlichen Beratungspraxis und in der Rechtsprechung der Finanzgerichte haben sich weitere Fallgruppen herausgebildet, bei denen eine Korrektur nach § 175 Abs. 1 Satz 1 Nr. 2 AO Probleme aufwirft. Diese Fallgruppen werden nachfolgend behandelt.

---

[121] s. o. 3. Kap. A IV.

[122] BFH BStBl. 1973 II, S. 11.

[123] BFH StRK § 1 StAnpG R. 390; BFH BStBl. 1967 III, S. 175 (LS); 1973 II, S. 11.

[124] BFH BStBl. 1976 II, S. 656 (LS, 657).

1. *Steuerklauseln*

a) Allgemeines (Definition, Zweck, Arten)

Nach dem Willen des Gesetzgebers soll § 175 Abs. 1 Satz 1 Nr. 2 AO auch bei steuerlich wirksamen Steuerklauseln anwendbar sein[125].

Steuerklauseln sind Vertragsbestimmungen, denen zufolge die vertraglichen Abreden ganz oder teilweise nur gelten sollen, wenn die von der zuständigen Finanzbehörde oder vom Finanzgericht festgestellten steuerlichen Folgen des durchgeführten Rechtsgeschäftes den Vorstellungen der Parteien entsprechen[126]. Fällt die steuerrechtliche Beurteilung ungünstiger aus, als die Beteiligten dies erwartet hatten, soll das Rechtsgeschäft als aufgelöst oder nicht abgeschlossen behandelt werden[127].

Die Steuerklausel soll also den zu besteuernden Sachverhalt gestalten und vermeiden, daß aufgrund einer unsicheren Rechtslage nicht einkalkulierte Steuerfolgen eintreten. Dieser Schutz kann durch gesetzlich geregelte und durch die Rechtsprechung gefestigte Institute des Privatrechts nicht gleichermaßen erreicht werden[128]. Ein Irrtum über die steuerlichen Folgen eines Geschäfts begründet als unbeachtlicher Motivirrtum kein Anfechtungsrecht[129]. Irrten beide Geschäftspartner über die Steuerfolgen, kann an den Wegfall der Geschäftsgrundlage gedacht werden; die Finanzbehörden erkennen aber eine darauf gestützte Rückgängigmachung des durchgeführten Geschäftes mit steuerlicher Wirkung nur an, wenn die Steuerpflichtigen die entsprechenden Voraussetzungen darlegen und beweisen. Insbesondere müssen sie beweisen können, daß sie sich von Anfang an über die Steuerfolgen irrten[130]. Damit ist den Vertragsparteien nicht gewährleistet, daß die Finanzverwaltung eine nachträgliche Rückgängigmachung steuerlich anerkennt. Da auch der Rücktritt vom Vertrag kein geeignetes Mittel ist, die Folgen eines Irrtums über die Besteuerung zu beseitigen, erachtet die überwiegende Meinung in der Literatur die — gesetzlich nicht geregelten — Steuerklauseln als zulässig[131].

---

[125] BT-Drucksache VI 1982, S. 155.

[126] *Blencke*, NWB F. 2, S. 2233 (2234); 3441 (3442); *Mutze*, FR 1964, S. 37; *Schwarz (Frotscher)*, § 175 Rdnr. 5 a; *Sudau / Lammerding / Brauel (Lammerding)*, S. 497; *Tipke*, NJW 1968, S. 865 (866); *Tipke / Kruse*, § 41 Tz. 21.

[127] *Beker*, S. 98; *Hübschmann / Hepp / Spitaler (v. Wallis)*, § 175 Anm. 18; *Woerner / Grube*, S. 104.

[128] *Gaffron*, DB 1971, S. 297 (299); *Kayser*, WPg 1968, S. 481 (484); *Tipke*, NJW 1968, S. 865 (865).

[129] s. o. 3. Kap. B I 3 d.

[130] s. o. 3. Kap. B I 3 g.

[131] *Beker*, S. 107 f.; *Blencke*, NWB F. 2, S. 3441 (3442); *Ehlers*, BB 1962, S. 1426 (1427); *Flume*, DB 1970, S. 77 (81); *Meilicke*, StbJb 1954/55, S. 187 (191); *Sauer*, StuW 1975, S. 19 (21); *Tipke*, NJW 1968, S. 865 (869).

Mit dem „Schiffsverkaufs-Fall" erkannte auch die Rechtsprechung ausdrückliche Steuerklauseln grundsätzlich an[132]. Zwar wurde die Steuerklausel begrifflich nicht erwähnt, sinngemäß jedoch in dem Urteil berücksichtigt: Der entscheidende Senat gewährte den Parteien das Recht, die endgültige Wirksamkeit von Verträgen von der steuerlichen Behandlung abhängig zu machen, wenn die steuerlichen Auswirkungen zunächst für sie unüberschaubar oder ungewiß sind.

Je nach ihrem Inhalt werden die Steuerklauseln in positive und negative Klauseln eingeteilt. Bei positiven Steuerklauseln soll nur der Teil des Vertrages hinfällig werden, den die Finanzbehörde nicht anerkennt, weil das wirtschaftliche Äquivalent fehlt[133]. Beispiele finden sich u. a. im Zusammenhang mit verdeckten Gewinnausschüttungen[134]: Ein niedrigeres Entgelt soll anstelle des vereinbarten gelten, falls das für die Leistung vereinbarte vom Finanzamt als unangemessen hoch angesehen werden sollte.

Wird dagegen eine negative Steuerklausel[135] vereinbart — wie beispielsweise im „Schiffsverkaufs-Fall"[136] —, wird das gesamte Rechtsgeschäft von den Parteien als nicht abgeschlossen behandelt, wenn unerwartete Steuern anfallen.

In der Literatur ist weiter von ausdrücklich und stillschweigend vereinbarten Steuerklauseln die Rede[137]. Diese Unterscheidung beruht auf den nach dem Zivilrecht bestehenden Möglichkeiten, eine Willenserklärung abzugeben. Generell kann eine stillschweigende Vereinbarung angenommen werden, wenn aus dem unmittelbaren Geschehen — das kann eine Handlung oder eine wörtliche Äußerung sein — auf einen Rechtsfolgewillen geschlossen werden kann[138]. Einem bloßen Schweigen kann hingegen ohne ausdrückliche Vorschrift oder Vereinbarung kein Erklärungsinhalt entnommen werden[139]. Hiervon ausgehend kann m. E. einer zuweilen vertretenen Ansicht[140] nicht gefolgt werden, die eine

[132] BFH BStBl. 1962 III, S. 112 (113) = StRK § 4 StAnpG R. 13; die Anerkennung folgt auch aus BFH BStBl. 1967 III, S. 152 (153) und BFH BStBl. 1971 II, S. 64 (65).

[133] *Beker*, S. 100; *Herrmann / Heuer / Raupach*, § 4 EStG Anm. 34 n 3; *Hübschmann / Hepp / Spitaler (v. Wallis)*, § 175 Anm. 20.

[134] s. u. B II 2; vgl. FG Düsseldorf EFG 1963, S. 454.

[135] *Beker*, S. 100; *Herrmann / Heuer / Raupach*, § 4 EStG Anm. 34 n 3.

[136] BFH BStBl. 1962 III, S. 112; weitere Beispiele bei *Schmidt*, S. 314 (318).

[137] *Herrmann / Heuer / Raupach*, § 4 EStG Anm. 34 n 6; *Hübschmann / Hepp / Spitaler (v. Wallis)*, § 175 Anm. 21, 22; eine ausdrückliche Klausel enthält der dem Urteil BFH BStBl. 1962 III, S. 112 zugrunde liegende Vertrag.

[138] *Larenz*, BGB Allg. Teil, § 19 IV b; *Kayser*, WPg 1968, S. 484 (485).

[139] *Medicus*, Rdnr. 52. Daher empfiehlt sich auch die Bezeichnung „konkludente Erklärung".

[140] *Hübschmann / Hepp / Spitaler (v. Wallis)*, § 175 Anm. 22; *Mutze*, FR 1964, S. 37 (38).

stillschweigende Klausel bejaht, obwohl jeglicher Ansatzpunkt für eine positive Äußerung fehlt[141]. Dennoch eine stillschweigende Klausel anzunehmen, würde — unabhängig von der Entscheidung, ob Steuerklauseln als rechtsgeschäftliche Bedingungen oder als unechte Gegenwartsbedingungen zu qualifizieren sind — darauf hinauslaufen, daß Bedingungen vermutet werden könnten, was allerdings nicht möglich ist[142].

Aus diesen Gründen ist auch die Begründung des BFH-Urteils vom 13. 2. 1961[143] nicht haltbar[144]. Danach soll es bei einem Vertrag, der weitgehend den Zweck verfolgt, Steuern zu sparen, wahrscheinlich sein, daß die Vereinbarungen unter der stillschweigenden Voraussetzung stehen, daß die beabsichtigten steuerlichen Wirkungen auch eintreten.

Unter der engen Voraussetzung, daß aus einem unmittelbaren Geschehen auf einen Rechtsfolgewillen geschlossen werden kann, ist die Möglichkeit einer stillschweigend vereinbarten Klausel zu bejahen. Ihre Anerkennung dürfte in der Praxis aber häufig an Schwierigkeiten, die entsprechenden Voraussetzungen zu beweisen, scheitern[145].

b) Rechtsnatur

aa) Meinungsstand

Um die Rechtsnatur dieser Klauseln dreht sich seit Jahren ein Meinungsstreit[146], von dessen Entscheidung die Frage der Anwendbarkeit des § 175 Abs. 1 Satz 1 Nr. 2 AO abhängt. Damit die Steuerklausel ein rückwirkendes Ereignis i. S. der Korrekturvorschrift sein kann, muß sie sich auf den Zeitpunkt auswirken, in dem der Steueranspruch entsteht.

Überwiegend wird die Steuerklausel als Bedingung i. S. der §§ 158, 159 BGB qualifiziert[147]; dabei wird die bindende Entscheidung der

[141] Der Sachverhalt des Urteils BFH BStBl. 1957 III, S. 400 wird in der Literatur zuweilen als Beispiel für eine stillschweigende Klausel angeführt. In den Entscheidungsgründen heißt es: (Es gibt Fälle) „in denen die von den Beteiligten nicht erkannte steuerliche Auswirkung ... so schwerwiegend und entscheidend ist, daß ohne weiteres unterstellt werden kann, daß die Beteiligten die Kapitalerhöhung bei Kenntnis der steuerlichen Auswirkungen nicht beschlossen hätten“.

[142] *Boettcher*, StbJb 1962/63, S. 57 (73).

[143] BFH StRK § 15 EStG R. 330 (a. E.) = BB 1962, S. 585 (580).

[144] *Kayser*, WPg 1968, S. 484 (485).

[145] *Boettcher*, StbJb 1962/63, S. 57 (73); *Grass*, StuW 1967, Sp. 449 (455); *Hübschmann / Hepp / Spitaler (v. Wallis)*, § 175 Anm. 22; *Mutze*, FR 1964, S. 37 (38). — Wie unten, B II 3 c aa, noch zu zeigen sein wird, besteht kein Bedürfnis für eine solche Konstruktion.

[146] Offengelassen von BFH BStBl. 1971 II, S. 64 (66); 1976 II, S. 88 (92).

[147] *Classen*, BB 1984, S. 327 (329); *Flume*, DB 1970, S. 77 (79); *Furkel*, BB 1973, S. 1541 (1547); *Gruß*, Inf. 1968, S. 79 (80); *Hübschmann / Hepp / Spitaler (v. Wallis)*, § 175 Anm. 18; *Kottke*, DStR 1967, S. 446; *Krause-Kärsten*, Steuerliche Betriebsprüfung 1964, S. 161; *Lagemann*, S. 99; *Mittelbach*, DStR 1962,

Finanzbehörde bzw. des Finanzgerichtes über die Steuerfolgen des Geschäftes als künftiges ungewisses Ereignis behandelt.

Der BFH[148] sah die Steuerklausel als zulässige auflösende Bedingung i. S. des § 4 Abs. 1, 2 StAnpG an, also als Steuerbedingung[149].

Eine Gruppe von Autoren qualifiziert die Steuerklausel als unechte Gegenwartsbedingung[150]. Nach dieser Auffassung wird der Bestand des Rechtsgeschäftes von der bestehenden steuerlichen Rechtslage abhängig gemacht.

Eine weitere Auffassung[151] ordnet die Steuerklausel den Fällen der echten rückwirkenden Gestaltungshandlung zu.

Schließlich finden sich Stimmen, die der Steuerklausel die Anerkennung versagen[152]. In der Begründung wird darauf abgestellt, daß durch sie der Grundsatz der Unabdingbarkeit des schwebezustandsfeindlichen Steuerrechts verletzt werde. Außerdem sei der Steueranspruch der Parteivereinbarung entzogen.

bb) Diskussion

Die Auffassung der Kritiker, die die Steuerklausel nicht anerkennen, ist abzulehnen.

Aus den §§ 175 Abs. 1 Satz 1 Nr. 2 AO, 41 Abs. 1 Satz 1 AO folgt gerade, daß eine entstandene Steuerschuld infolge nachträglicher Ereignisse mit Rückwirkung wieder hinfällig werden kann. Der Steuergesetzgeber eröffnete die Möglichkeit, daß sich rückwirkende Veränderungen des Steuertatbestandes auch steuerlich auswirken können. Das Gesetz selbst — und nicht eine Parteivereinbarung — durchbricht den Grundsatz der Unabänderlichkeit des Steueranspruchs. Im Rahmen dieser Vorschriften ist es das legitime Recht des Steuerpflichtigen, seine

---

S. 133 (137); *ders.*, Steuereinsparungen, S. 73; *Mutze*, FR 1964, S. 37; *Schwarz (Frotscher)*, § 175 Rdnr. 5 a.

148 BFH BStBl. 1962 III, S. 112 (113); 1962 III, S. 168 (169); ebenso: *Woltmann*, S. 33.

149 *Judeich / Felix (Judeich)*, § 4 StAnpG Tz. 5.

150 *Beckmann*, BB 1967, S. 532 (534); *Beker*, S. 103/104; *Erman (Hefermehl)*, vor § 158 Anm. 6; *Friedrich*, StuW 1976, S. 372 (375, Fn. 42); *Gaffron*, DB 1971, S. 297 (299); *Herrmann / Heuer / Raupach*, § 4 EStG Anm. 34 o 2; *Lagemann*, S. 190; *Sauer*, StuW 1975, S. 19 (23); *Tipke*, NJW 1968, S. 865 (868); *Tipke*, Steuerrecht, S. 124; *Tipke / Kruse*, § 41 Tz. 22; *Woerner / Grube*, S. 104. — *Beker* und *Sauer* gehen grundsätzlich von der unechten Gegenwartsbedingung aus, prüfen aber im Einzelfall, ob nach der Formulierung nicht doch eine rechtsgeschäftliche Bedingung vereinbart worden ist. Ebenso: *Meyer-Arndt*, S. 297 (305).

151 *Weissenborn*, BB 1971, S. 1317 (1320).

152 *Genschmer*, DB 1963, S. 1585 (1586); *Grass*, StuW 1967, Sp. 449 (455); *Klemm*, DB 1966, S. 1624; *Nolte*, DB 1970, S. 507 (509 f.).

Geschäfte, also den zu besteuernden Sachverhalt, so zu gestalten, daß später der § 175 Abs. 1 Satz 1 Nr. 2 AO angewendet werden kann; er kann den „Keim für die spätere Rückgängigmachung“ zeitlich so legen, daß er bereits vorhanden ist, wenn der Steueranspruch entsteht. Der besteuerte Sachverhalt wird dann nicht nachträglich beeinflußt.

Ferner wird auch keine Vereinbarung mit dem Finanzamt getroffen, sondern ausschließlich zwischen zwei Steuerpflichtigen im Rahmen der Freiheit zu inhaltlicher Gestaltung von Verträgen und im Rahmen legaler Möglichkeiten, nicht vorausgesehene Steuerfolgen zu verhindern. Den so gestalteten Sachverhalt muß das Finanzamt der Besteuerung zugrunde legen. Nicht eine Parteivereinbarung, sondern dieser Sachverhalt entscheidet über Bestand und Höhe des Steueranspruchs[153]. Schließlich zeigen die §§ 164, 165, 50 AO, daß das Steuerrecht nicht feindlich gegenüber Schwebezuständen eingestellt ist.

Zweifelhaft ist, ob die Voraussetzungen der Bedingung i. S. des BGB, die die erstangeführte Auffassung zugrunde legt, erfüllt sind[154]. Die Bedingung wird als zukünftiges, objektiv ungewisses Ereignis definiert[155].

Eine abschließende Entscheidung der Finanzbehörde oder des Gerichtes über einen Steuerfall ist ein künftiges Ereignis. Ungewiß ist, ob die Entscheidung entsprechend den Vorstellungen der Beteiligten ausfällt. Die Ungewißheit muß jedoch definitionsgemäß objektiv bestehen. Daran fehlt es, wenn die Parteien die Gültigkeit des Geschäftes von einem in der Gegenwart oder der Vergangenheit liegenden Umstand abhängig machen, der bereits entschieden ist[155]. Nach § 38 AO entstehen die Ansprüche aus dem Steuerschuldverhältnis kraft Gesetzes als zwangsläufige Folge der Tatbestandsverwirklichung. Durch den Steuerbescheid wird der entstandene Steueranspruch nur noch festgesetzt. Dem Steuerbescheid kommt daher lediglich feststellende oder deklaratorische Wirkung zu[156]. Daraus folgt, daß grundsätzlich nicht die Entscheidung der Finanzbehörde selbst, sondern die ihr zugrunde liegende objektive Rechtslage Inhalt der Bedingung ist. Das gilt auch dann, wenn die Parteien die Klausel wie eine echte Bedingung formuliert haben, indem

---

[153] *Beker*, S. 108; *Grass*, StuW 1967, Sp. 449 (455); *Kayser*, WPg 1968, S. 481 (485); *Paulick*, Steuerlast, S. 359; *Wiebe*, S. 35 ff. (39).

[154] Dadurch, daß im Rahmen dieser Arbeit die Auffassung vertreten wird, daß auch eine auflösende Bedingung mit dem Inhalt des § 159 BGB die Voraussetzungen für eine Korrektur nach § 175 Abs. 1 Satz 1 Nr. 2 AO schaffen kann, hat sich diese Fragestellung nicht erübrigt; es muß sich um eine Bedingung i. S. des BGB handeln.

[155] *Larenz*, BGB Allg. Teil, § 25 I; *Palandt (Heinrichs)*, Einf. v. § 158 Anm. 2.

[156] BVerwG BStBl. 1975 II, S. 317 (LS, 319); *Kruse*, Steuerrecht I, S. 127; *Tipke / Kruse*, § 41 Tz. 22; *Sudau / Lammerding / Brauel (Lammerding)*, S. 339.

sie die Wirksamkeit des Geschäftes von der behördlichen oder gerichtlichen Entscheidung abhängig machen[157].

Die objektive Ungewißheit läßt sich ferner nicht damit begründen, daß Finanzamt oder Gericht ihre Entscheidung abweichend von der Rechtslage treffen. Fehlerhafte Steuerbescheide und Urteile können aufgrund eingelegter Rechtsbehelfe beseitigt werden.

Ein Argument für die echte Bedingung wird in den Fällen gesehen, in denen die Finanzverwaltung zwar entsprechend den Erwartungen der Beteiligten, aber nicht in Einklang mit den Gesetzen entscheidet[158]. Dem ist jedoch entgegenzuhalten, daß die Parteien davon ausgehen, daß die behördliche Entscheidung auf der objektiven Rechtslage beruht.

Schließlich kann eine objektive Ungewißheit auch nicht damit begründet werden, daß die in steuerrechtlichen Normen enthaltenen unbestimmten Rechtsbegriffe von der Finanzverwaltung unterschiedlich ausgelegt werden können[159]. Soweit es sich nicht um Beurteilungsspielräume handelt, läßt sich die Auslegung unbestimmter Rechtsbegriffe uneingeschränkt gerichtlich nachprüfen[160], so daß nur eine Auslegungsmöglichkeit mit der Rechtslage vereinbar ist. Beurteilungsspielräume, wie sie bei höchstpersönlichen Wertungen bestehen, sind im Zusammenhang mit Steuerbescheiden nicht ersichtlich[161]. Außerdem sind Steuerbescheide grundsätzlich dem Ermessen entzogen; wurde der Steuertatbestand verwirklicht, ist die Behörde verpflichtet, die Steuer festzusetzen und zu erheben (§ 85 AO)[162].

Die steuerliche Rechtslage steht also mit der Tatbestandsverwirklichung fest. Lediglich die Parteien sind sich über die Folgen ihres Geschäftes noch im unklaren. Da die Ungewißheit somit auf der subjektiven Ebene liegt, kann von einer Bedingung i. S. der §§ 158, 159 BGB nicht gesprochen werden[163].

Die §§ 158 ff. BGB sind in diesen Fällen auch nicht analog anwendbar[164]. Die Vorschriften enthalten Regelungen für den Schwebezustand,

---

[157] *Tipke / Kruse*, § 41 Tz. 22; so die dem Urteil BFH BStBl. 1962 III, S. 112 zugrunde liegende Klausel.

[158] *Wiebe*, S. 25—29.

[159] Entgegen *Lagemann*, S. 87; *Wiebe*, S. 25 ff.

[160] *Wolff / Bachof*, S. 191 f.

[161] Beurteilungsspielräume bestehen insbesondere, wenn es um die Eignung von Personen und persönliche Fachurteile geht; *Wolff / Bachof*, S. 191 f.

[162] In § 85 AO wurde das Legalitätsprinzip verankert. Vgl. *Beker*, S. 102; *Felix*, Ermessensausübung im Steuerrecht, S. 20; *Maaßen*, StbJb 1953/54, S. 127 (135).

[163] *Palandt (Heinrichs)*, Einf. v. § 158 Anm. 2.

[164] *Palandt (Heinrichs)*, Einf. v. § 158 Anm. 2; *Tipke*, NJW 1968, S. 865 (867).

der bis zum Bedingungseintritt besteht. Da der Steueranspruch unmittelbar mit der Tatbestandsverwirklichung entsteht, tritt ein Schwebezustand nicht ein. Damit fehlt eine vergleichbare Sachlage.

Demnach kann die Steuerklausel nicht als Bedingung angesehen werden. Den Autoren, die die Steuerklausel dogmatisch als Bedingung einordnen, kann nicht gefolgt werden.

Da der Begriff der Steuerbedingung an den bürgerlich-rechtlichen Begriff der Bedingung anknüpft[165], können auch die Merkmale der steuerlichen Bedingung nicht erfüllt sein. Daher kann der vom BFH im „Schiffsverkaufs-Fall" vertretenen Auffassung[166] ebenfalls nicht gefolgt werden.

Auch der Ansicht, Steuerklauseln seien das auslösende Moment für eine neue Gestaltung des besteuerten Sachverhaltes[167], ist nicht beizutreten. Einmal können rückwirkende Sachverhaltsgestaltungen steuerrechtlich nicht anerkannt werden, zum anderen wäre es nach dieser Auffassung möglich, den öffentlich-rechtlichen Steueranspruch durch das Privatrecht zu modifizieren. Ist ein Steueranspruch aber einmal entstanden, unterliegt er — wie bereits dargelegt — nicht mehr der Disposition der Beteiligten.

Es bleibt die Auffassung zu behandeln, die die Steuerklausel als unechte Gegenwartsbedingung ansieht[168]. Bei den Erörterungen zur Bedingung i. S. der §§ 158 ff. BGB wurde festgestellt, daß sich mit dem Vertragsschluß bzw. der Durchführung des Vertrages die Steuerfolgen bereits entscheiden; sie entziehen sich lediglich noch der Kenntnis der Parteien. Da die unechte Gegenwartsbedingung die Fälle erfaßt, in denen die Parteien die Gültigkeit des Geschäfts von einem entschiedenen Umstand abhängig machen, der sich nur noch ihrer Kenntnis entzieht[169], zählt die Steuerklausel dazu.

---

[165] *Judeich / Felix (Judeich)*, § 3 Tz. 34.

[166] Der BFH sah in § 4 Abs. 1, Abs. 2 StAnpG die Grundlage für die Korrektur infolge einer Steuerklausel. In diesem Zusammenhang herrschte Streit, ob § 4 Abs. 1, Abs. 2 StAnpG auch bei rechtsgeschäftlichen Bedingungen Anwendung finden kann. Während sich u. a. *Boettcher*, StbJb 1962/63, S. 57 (79); *Heuer*, DB 1962, S. 649 (650); *Lange*, DStZ 1940, S. 349 (350); *Mittelbach*, DStR 1962, S. 133 (137, 138) dafür aussprachen, war die überwiegende Meinung der Ansicht, daß nur Steuerbedingungen unter diese Vorschriften zu subsumieren seien. Vgl. *Becker / Riewald / Koch*, § 4 StAnpG Anm. 4 (1); *Gaffron*, DB 1971, S. 297 (298); *Herrmann / Heuer / Raupach*, § 4 EStG Anm. 34 o 5; *Tipke*, NJW 1968, S. 865 (867); *Tipke / Kruse* (7. Aufl.), § 4 StAnpG A 5.

[167] s. o. 3. Kap. B II 1 b aa bei Fn. 152.

[168] s. o. 3. Kap. B II 1 b aa bei Fn. 151.

[169] *Larenz*, BGB Allg. Teil, § 25 I.

Gegen diese Ansicht wird eingewendet, daß ein Zivilgericht über steuerliche Fragen zu entscheiden habe, wenn es über die Wirksamkeit des Rechtsgeschäftes befindet[170]. Dem Einwand kann mit § 148 ZPO begegnet werden. Danach kann die Verhandlung ausgesetzt werden, wenn die Entscheidung eines Rechtsstreites ganz oder teilweise vom Bestehen oder Nichtbestehen eines Rechtsverhältnisses abhängt, das von einer Verwaltungsbehörde festzustellen oder Gegenstand eines anderen Rechtsstreits ist. Außerdem können die Parteien die weitere Klausel in den Vertrag aufnehmen, daß die endgültige Entscheidung der steuerrechtlichen Frage durch die Finanzbehörde oder das Finanzgericht auch bürgerlich-rechtlich verbindlich sein soll[171].

Aus all diesen Gründen kann m. E. nur der Auffassung gefolgt werden, die in den Steuerklauseln unechte Gegenwartsbedingungen sieht.

c) Konsequenzen

Zivilrechtlich wird das Rechtsgeschäft, das unter einer unechten Gegenwartsbedingung geschlossen wurde, als von vorneherein unwirksam behandelt[172], wenn sich herausstellt, daß die bereits entschiedenen Umstände den Interessen der Parteien entgegenlaufen.

Da das Geschäft von Anfang an keine Wirkungen entfaltet, liegt insoweit kein rückwirkendes Ereignis i. S. des § 175 Abs. 1 Satz 1 Nr. 2 AO vor.

Ebenso wie in den anderen Fällen der Nichtigkeit oder der Unwirksamkeit[173] können sich Steuerklauseln nur dann steuerlich für die Vergangenheit auswirken, wenn das zunächst eingetretene wirtschaftliche Ergebnis des Geschäftes nachträglich wieder beseitigt wird (§ 41 Abs. 1 Satz 1 AO).

d) Steuerliche Zulässigkeit

aa) Allgemeine Voraussetzungen

Damit überhaupt ein steuerlich rückwirkendes Ereignis von den Finanzbehörden anerkannt werden kann, müssen die folgenden Voraussetzungen erfüllt sein:

Steuerklauseln können nur einem Rechtsgeschäft[174] beigefügt werden, und nur dann, wenn es nicht bedingungsfeindlich ist[175]. Da tatsächliche

---

[170] *Flume*, DB 1970, S. 77 (79).

[171] *Beckmann*, DB 1967, S. 532 (534).

[172] *Enneccerus / Nipperdey*, S. 1186 Fn. 6; *Soergel / Siebert (Knopp)* (Bd. I), vor § 158 Rdnr. 10; *Staudinger (Coing)* (Bd. I), Vorbem. 17 vor § 158; *v. Tuhr*, S. 280.

[173] *Tipke / Kruse*, § 175 Tz. 15.

[174] *Blencke*, NWB F. 2, S. 2233 (2236); 3441 (3443); *Maaßen*, FR 1972, S. 78 (79).

Vorgänge (Realakte) — wie z. B. Einfuhren, Entnahmen, Einlagen — nicht rückgängig zu machen sind, können sie nicht mit einer Steuerklausel versehen werden[176].

Grundsätzlich sind die Klauseln ausdrücklich[177] und mit klarem, eindeutigem Inhalt zu vereinbaren[178]. Damit sich die Steuerklausel rückwirkend auf den Zeitpunkt auswirken kann, in dem der Steueranspruch entsteht, sollte sie grundsätzlich mit dem Vertrag vereinbart werden, an den die Steuer anknüpft[179].

Ferner setzt die Anerkennung der Steuerklausel durch die Finanzverwaltung voraus, daß tatsächlich eine Rechtsunsicherheit hinsichtlich der Steuerfolgen eines Vorganges besteht[180]. Der Gefahr mißbräuchlicher Verwendung der Steuerklauseln soll damit begegnet werden.

Darüber hinaus verlangt ein Teil des Schrifttums, daß das Finanzamt von einem Rechtsgeschäft, das eine Steuerklausel enthält, unverzüglich zu unterrichten ist[181]. Spätestens mit der Steuererklärung soll eine Abschrift des Vertrages eingereicht werden[182]. Diese Voraussetzung dient

---

[175] Das gilt auch bei der hier vertetenen Auffassung zur Rechtsnatur der Steuerklauseln. Vgl. *Flume*, Allg. Teil d. BGB, S. 679; *Soergel / Siebert (Knopp)*, vor § 158 Rdnr. 10.

[176] BFH BStBl. 1973 II, S. 700 (701): es ist nicht möglich, Entnahmen unter einer Bedingung vorzunehmen; *Blencke*, NWB F. 2, S. 2233 (2236); 3441 (3443); *Gaffron*, DB 1971, S. 297 (300); *Hanraths*, Steuerliche Betriebsprüfung 1963, S. 269 (271); *Herrmann / Heuer / Raupach*, § 4 EStG Anm. 44 c; *Lagemann*, S. 160; *Littmann*, Inf. 1969, S. 505 (507); *Paulick*, Steuerlast, S. 366; *Tipke / Kruse*, § 41 Tz. 22 (a. E.); *Wiebe*, S. 84 a ff. (88).

Die gegenteilige Ansicht (— *en.* —, DB 1963, S. 746; — *el.* —, DB 1963, S. 1166 (1167); o. V., DB 1967, S. 1065; *Kottke*, DStR 1967, S. 446 (449) geht davon aus, daß Steuerklauseln als Steuerbedingungen anzusehen sind, wodurch die Ansprüche aus dem Steuerschuldverhältnis auflösend bedingt seien.

[177] Solche Steuerklauseln können auch durch Einbeziehung von Allgemeinen Geschäftsbedingungen Vertragsinhalt werden; vgl. z. B. BFH BStBl. 1963 III, S. 168.

[178] BFH BStBl. 1971 II, S. 64 (LS): Diese Voraussetzung ist bei einer Bestimmung, wonach der von einer Kapitalgesellschaft an den Gesellschafter zu zahlende Pachtzins an der oberen Grenze des Angemessenen liegen soll, nicht erfüllt; vgl. auch BFH BStBl. 1956 III, S. 288 (LS); FG Baden-Württemberg EFG 1970, S. 520; FG Rheinland-Pfalz, Vorbescheid vom 7. 6. 1977, NWB Eilnachrichten F. 1, S. 172.

[179] BFH BStBl. 1962 III, S. 168 (LS); 1967 III, S. 152 (153); 1971 II, S. 64 (65); sog. nachgeholte Klauseln sind grundsätzlich zulässig: — *en.* —, DB 1963, S. 1234 f.; *Lagemann*, S. 55; *Maaßen*, FR 1972, S. 78 (79); *Mutze*, FR 1964, S. 37 (38).

[180] BFH BStBl. 1962 III, S. 112 (113); *Tipke / Kruse*, § 41 Tz. 22; *Woerner / Grube*, S. 105.

[181] *Blencke*, NWB F. 2, S. 2233 (2241); *Mittelbach*, DStR 1962, S. 133 (138); *Tipke*, NJW 1968, S. 865 (869).

[182] *Beker*, S. 112 Fn. 3; *Gaffron*, DB 1971, S. 297 (301); *Sauer*, StuW 1975, S. 19 (26).

der Beweiserleichterung und damit den Interessen des Steuerpflichtigen. Seinen Mitwirkungspflichten im Besteuerungsverfahren genügt er, wenn er der Steuererklärung eine Vertragsabschrift beifügt.

bb) Zulässigkeit bei laufend veranlagten Steuern

Die Frage nach der Anwendbarkeit von Steuerklauseln bei laufend veranlagten Steuern wird unterschiedlich beantwortet. Die Entscheidung in dieser Frage hängt davon ab, inwieweit die §§ 175 Abs. 1 Satz 1 Nr. 2, 41 Abs. 1 Satz 1 AO bei laufend veranlagten Steuern anwendbar sind.

Da die §§ 175 Abs. 1 Satz 1 Nr. 2, 41 Abs. 1 Satz 1 AO nach der hier vertretenen Auffassung[183] grundsätzlich auch für laufend veranlagte Steuern gelten, sind die Steuerklauseln bei jeder Steuerart denkbar. Nur können sie ihren Zweck nicht oder nur eingeschränkt erreichen, wenn ein laufender Geschäftsvorfall aufgrund der bei einzelnen Steuerarten bestehenden Besonderheiten nicht rückgängig gemacht werden kann[184]. Da bei der Einkommensermittlung aufgrund von Durchschnittssätzen oder aufgrund einer Schätzung den einzelnen Vorfällen keine Bedeutung zukommt, bleibt für die Anwendung der §§ 175, 41 AO — und damit auch für die Steuerklauseln — kein Raum.

Bei den Überschußeinkünften und bei der Gewinnermittlung nach § 4 Abs. 3 EStG steht das Zuflußprinzip einer Rückgängigmachung von Geschäftsvorfällen entgegen. Damit können auch Steuerklauseln ihren Zweck nicht erreichen[185]. Da es bei den Begriffen „Zu-“ und „Abfluß“ nur auf die tatsächlichen Güterbewegungen und nicht auf das rechtliche Behaltendürfen ankommt[186], kann die Rückzahlung in einem späteren Jahr den Zufluß in einem vorangegangenen nicht wieder aufheben.

Da die Grundsätze ordnungsmäßiger Buchführung über § 5 Abs. 1 EStG eine Rückgängigmachung laufender Geschäftsvorfälle mit Wirkung für die Vergangenheit verhindern, sind Steuerklauseln dann wirkungslos, wenn über den Stichtag hinaus die tatsächlichen Folgen des mit einer Steuerklausel abgeschlossenen Geschäftes bestehen geblieben sind. Stellt sich nach dem Bilanzstichtag wider Erwarten heraus, daß die Rechtswirkungen der Steuerklausel eintreten, hat dies auch nicht die Unrichtigkeit der Bilanz zur Folge[187]; denn hierfür sind subjektive Kriterien zum Zeitpunkt der Bilanzerstellung ausschlaggebend[188]. Da die

183 s. o. 2. Kap. G (1).

184 s. o. 2. Kap. G (2), (3), (4).

185 *Klein / Orlopp*, § 175 Anm. 7.

186 RFH RStBl. 1931, S. 526 (527); BFH BStBl. 1963 III, S. 96 (98); 1964 III, S. 184 (185); 1965 III, S. 83 (84); 1974 II, S. 540; BFH StRK § 11 EStG R. 55.

187 *Thiel / Steinwachs*, S. 17, Anm. 14, 15.

Steuerklauseln somit auch nicht die Voraussetzungen für eine Bilanzberichtigung schaffen, können sie sich im Zusammenhang mit laufenden Geschäften grundsätzlich nicht auf einen abgeschlossenen Veranlagungszeitraum auswirken.

Jedoch können Steuerklauseln den bilanzierenden Steuerpflichtigen veranlassen, Rückstellungen zu bilden; denn mit der Steuerklausel liegen die Tatsachen, die die künftige Belastung begründen, am Bilanzstichtag vor[189].

Steuerklauseln sind demnach auch bei den Einkünften bilanzierender Steuerpflichtiger — eingeschränkt — sinnvoll und damit zulässig.

e) Beispiele aus der Rechtsprechung

Unter den in Abschnitt d) dargelegten Voraussetzungen sind in der Rechtsprechung folgende Klauseln anerkannt worden:

BFH BStBl. 62 III, S. 112: Der ... Kaufvertrag über das Frachtschiff ist mit der auflösenden Bedingung geschlossen, daß er seine Wirksamkeit verliert, wenn der erzielte Veräußerungserlös nicht als solcher nach §§ 16, 34 EStG von der Finanzverwaltung angesehen werden sollte.

BFH BStBl. 62 III, S. 168 (169): Alle Lieferungen von Ersatzteilen erfolgen unter der auflösenden Bedingung, daß bei Verwendung eines solchen Teiles zu Garantiezwecken der Liefervertrag bezüglich dieses Garantieteils aufgehoben wird (UStG §§ 1 Ziff. 1, 12).

BFH StRK § 15 EStG R. 330 (a. E.): Die Rückbuchung der steuerlich nicht anerkannten Gewinnanteile kann steuerlich anerkannt werden, wenn die KG versichert, daß die Gewinnzuweisungen vereinbarungsgemäß nur insoweit Gültigkeit haben sollten, als sie auch steuerlich anerkannt würden.

f) Anhang: Bedürfnis für Steuerklauseln

Bevor für die Besteuerung relevante Sachverhalte eintreten, kann der Steuerpflichtige versuchen, von der Finanzverwaltung eine verbindliche Auskunft oder Zusage zu erhalten, durch die einzelne Steuerprobleme vorab geklärt werden können. Auch dadurch kann er sich vor steuerlichen Risiken schützen[190].

Da dieses Institut in der AO — mit Ausnahme der besonderen Regelung im Zusammenhang mit der Außenprüfung in den §§ 204 ff. AO —

---

[188] s. o. 2. Kap. D VI 2 a bei Fn. 65.

[189] *Falterbaum*, S. 524; vgl. zur Bilanzierung *Gaffron* DB 1971, S. 247 (301).

[190] *Flume*, DB 1970, S. 77 (80); *Nolte*, DB 1970, S. 507 (511); *Sauer*, StuW 1975, S. 19 (25).

nicht geregelt ist[191], ist die Finanzverwaltung nicht verpflichtet, vorab verbindliche Auskünfte und Zusagen zu erteilen. Erteilt ein Finanzamt im Rahmen seines Ermessens[192] eine Zusage, so ist es nach der Rechtsprechung des BFH inhaltlich daran gebunden[193], wenn der sachlich zuständige Beamte[194] im Rahmen der Gesetze[195] und innerhalb der Grenzen seines Beurteilungsspielraumes[196] einem Steuerpflichtigen gegenüber eine Zusage abgibt, die sich auf einen vorgetragenen konkreten Sachverhalt in eigenen Angelegenheiten des Steuerpflichtigen bezieht[197] und die insbesondere dafür ursächlich ist, daß der Steuerpflichtige den Sachverhalt nach der Zusage gestaltet[198]. Daß die Zusage schriftlich gegeben wird, ist nicht erforderlich, aber zu empfehlen, da derjenige, der sich auf eine Auskunft beruft, die Folge von Beweisschwierigkeiten und Unklarheiten zu tragen hat[199]. Aber auch, wenn nicht all diese Voraussetzungen erfüllt sind, wenn insbesondere das Finanzamt keine verbindliche Zusage abgeben wollte, muß sich die Behörde dennoch im Einzelfall nach Treu und Glauben an ihrem Verhalten festhalten lassen, wenn dieses ursächlich für wirtschaftliche Dispositionen des Steuerpflichtigen geworden ist[200].

Eine Zusicherung kann auch für einen Dauertatbestand erteilt werden. Das Finanzamt kann sie widerrufen, allerdings nur mit Wirkung für die Zukunft[201].

Da nach der derzeitigen gesetzlichen Regelung die Finanzverwaltung nicht verpflichtet ist, eine Zusage zu geben, besteht auch gerade deswegen ein Bedürfnis für die Steuerklauseln. Dies gilt insbesondere für unübersichtliche und schwierige Fälle.

Ein wesentlicher Nachteil der Auskunft gegenüber der Steuerklausel liegt auch darin, daß sich der Abschluß des geplanten Geschäfts ver-

---

191 Allerdings regelt das VwVfG in § 38 eine behördliche Zusicherung; vgl. *Stelkens / Bonk / Leonhardt*, § 38 Rdnr. 6.

192 BFH BStBl. 1957 III, S. 366; 1959 III, S. 52 (53).

193 BFH BStBl. 1961 III, S. 562 (564 f.).

194 BFH BStBl. 1957 III, S. 31 (31, 32); S. 173 (174); S. 366 (368); 1958 III, S. 436.

195 BFH BStBl. 1961 III, S. 380 (LS, 382).

196 BFH BStBl. 1959 III, S. 52 (53).

197 BFH BStBl. 1961 III, S. 562 (564).

198 Sie muß also vor dem Geschäftsvorfall erteilt werden; BFH BStBl. 1957 III, S. 173 (174); 1959 III, S. 159 (161); 1960 III, S. 96 (LS, 97); 1969 II, S. 120 (121).

199 BFH BStBl. 1956 III, S. 341 (LS, 342); 1957 III, S. 173 (174) (telefonisch); 1957 III, S. 366 (368); 1959 III, S. 159 (161) (mündlich); 1961 III, S. 562 (564).

200 BFH BStBl. 1956 III, S. 341 (342); 1958 III, S. 436 (437); 1959 III, S. 159 (161); 1960 III, S. 96 (97); 1961 III, S. 562 (565).

201 BFH BStBl. 1961 III, S. 563 (565).

zögert, da der Steuerpflichtige dem Finanzamt die beabsichtigte Rechtsgestaltung eingehend schildern und die Behörde diesen Sachverhalt gründlich überprüfen muß, um eine Schadensersatzpflicht zu vermeiden.

2. *Satzungsklauseln*

a) Allgemeines

War soeben von Steuerklauseln die Rede, die einzelvertraglich vereinbart werden, so behandelt dieser Abschnitt eine spezielle Form der Steuerklausel: die Satzungsklausel. Sie ist insbesondere in Satzungen von Kapitalgesellschaften enthalten. Sie bezweckt, verdeckte Gewinnausschüttungen zu vermeiden[202]. Dazu bestimmt sie, daß die Organe der Gesellschaft nicht berechtigt sind, einem Gesellschafter oder einer ihm nahestehenden Person einen nicht genehmigten Vorteil zu gewähren. Im Falle des Zuwiderhandelns sollen die Gesellschafter verpflichtet sein, die zugewendeten Vorteile zurückzugewähren oder wertmäßig zu ersetzen[203].

b) Zulässigkeit

Während die Steuerklauseln allgemein anerkannt werden, ist die Anerkennung von Satzungsklauseln umstritten.

aa) Meinungsstand

Die Autoren, die sich für ihre Zulässigkeit aussprechen[204], berufen sich auf das Urteil des BFH im „Schiffsverkaufs-Fall"[205]. Da darin die ausdrücklich vereinbarte Steuerklausel anerkannt worden sei und — so argumentieren sie weiter — die Satzungsklausel nur eine besondere Art der Steuerklauseln sei, müßte auch die Satzungsklausel zulässig sein.

Solche Klauseln seien auch notwendig: Indem der Regreßanspruch, der aufgrund der Klausel entstehe, mit der Vorteilszuwendung aktiviert werde, könne keine verdeckte Gewinnausschüttung entstehen. Ohne die Klausel könne der Regreßanspruch erst bei Bekanntwerden der Vorteilszuwendung in die Bilanz eingestellt werden; liegen die verdeckte Gewinnausschüttung und die Bilanzierung des Erstattungsanspruchs in

---

[202] *Schwarz (Frotscher)*, § 175 Anm. 5 a; *Sudau / Lammerding / Brauel (Lammerding)*, S. 497.

[203] Satzungstext vgl. *Beckmann*, BB 1967, S. 532 (537); *Engelhardt*, Steuer-Warte 1968, S. 129; *Matthies*, DB 1962, S. 1093; *Wiebe*, S. 108 f.

[204] *Beckmann*, BB 1967, S. 532 (537); *Böttcher / Beinert*, DB 1966, S. 87 (88); *Döllerer*, S. 104; — *el.* —, DB 1967, S. 836; *Felix*, GmbHR 1963, S. 10 (13); *Henninger*, DB 1963, S. 1374 und GmbHR 1965, S. 178; *Kottke*, DStR 1967, S. 446 (447); *Matthies*, DB 1962, S. 1093; *Mittelbach*, DStR 1962, S. 133 (138) und Steuereinsparungen, S. 199; *Schuwardt*, DB 1967, S. 139 (140).

[205] BFH BStBl. 1962 III, S. 112.

verschiedenen Veranlagungszeiträumen, könne die verdeckte Gewinnausschüttung steuerlich nicht rückgängig gemacht werden. Ein Vorteil der Satzungsklausel bestehe darüber hinaus darin, daß Klauseln in Einzelverträgen unterbleiben könnten.

Demgegenüber hält eine andere Gruppe von Autoren die Satzungsklausel für unzulässig[206]. Sie sei unvereinbar mit den klaren Verhältnissen, die zwischen den Kapitalgesellschaften und ihren Gesellschaftern bestehen sollen. Abgesehen davon, daß ihre Ernsthaftigkeit zu bezweifeln sei, eröffne sie auch die Möglichkeit zu Steuerverkürzungen. Zwischen Fremden seien solche Abmachungen schon gar nicht denkbar[207]. Ferner sei es nicht möglich, Vertragsgestaltungen in der Schwebe zu halten, um abgeschlossene Geschäftsvorfälle wieder rückgängig machen zu können. Außerdem sei der Kreis der in Betracht kommenden Rechtsgeschäfte unübersehbar.

Gerade dieses letzte Argument kann entkräftet werden, wenn man einen unmittelbaren Zusammenhang der Klausel mit dem Einzelvertrag fordert. So erkennt eine dritte Gruppe die Satzungsklausel nur an, wenn sie auch im Einzelvertrag verankert ist[208].

Die Rechtsprechung hat sich mit den Satzungsklauseln noch nicht eingehend befaßt. Das Urteil vom 30. 11. 1966[209] erwähnt lediglich das Fehlen einer solchen Satzungsbestimmung als zusätzliches Argument dafür, daß das grundsätzliche Verbot der Rückwirkung aufrechterhalten bleibt. Eine Anerkennung ist damit nicht erfolgt.

Die Finanzverwaltung[210] vertritt in gemeinsamen Erlassen und Verfügungen den Standpunkt, daß die Höhe der Einkünfte der Gesellschaft nicht berührt werde, wenn die Gesellschafter später die Erstattungsansprüche erfüllen. Sie lehnt eine Rückbeziehung auf das Jahr der Zuwendung einer verdeckten Gewinnausschüttung ab, wenn die Gesellschafter die erlangten Vorteile in einem späteren Jahr der Gesellschaft zurückgewähren. Die Gesellschafter könnten im Jahr der Rückzahlung allenfalls negative Einkünfte ansetzen.

---

[206] *Beker*, S. 112; *Engelhardt*, Steuer-Warte 1968, S. 129 (133); *Grass*, StuW 1967, Sp. 444 (458); *Klemm*, DB 1966, S. 1624 (1625); *Littmann*, § 2 EStG Anm. 134.

[207] FG Düsseldorf EFG 1963, S. 454 (455).

[208] Wohl *Beker*, S. 111; *Grass*, StuW 1967, Sp. 444 (457); *Herrmann / Heuer / Raupach*, § 4 EStG Anm. 34 n 5; *Maaßen*, FR 1972, S. 78 (79); *Theis*, DB 1967, S. 1198 und Die AG 1968, S. 48 (51); *Tipke*, NJW 1968, S. 865 (868); *Wellnhofer*, FR 1978, S. 257 (261).

[209] BFH BStBl. 1967 III, S. 152 (153).

[210] Nachweise bei *Blencke*, NWB F. 2, S. 2233 (2242 f.); vgl. den Wortlaut z. B. bei OFD Koblenz S. 2520 A — St 321 v. 1. 6. 1965, GmbHR 1965, S. 180.

bb) Wirkungsweise und Anwendungsmöglichkeit

Um die Frage nach der Zulässigkeit von Satzungsklauseln beantworten zu können, ist m. E. erforderlich, zuvor auf ihre Wirkungsweise und ihre Notwendigkeit einzugehen.

Die Satzungsklausel soll einen Anspruch der Gesellschaft gegen ihre Gesellschafter auf Erstattung der gewährten Vorteile begründen[211].

Ausgehend von der Auffassung, daß alle Steuerklauseln — und damit auch die Satzungsklauseln — ihrer Rechtsnatur nach unechte Gegenwartsbedingungen sind[212], sind verdeckte Gewinnausschüttungen von Anfang an als unwirksam anzusehen, wenn die Finanzverwaltung diesen die Anerkennung versagt. Die verdeckte Gewinnausschüttung wird beseitigt, indem gleichzeitig mit der Ausschüttung der Erstattungsanspruch entsteht; damit wird der mit der Ausschüttung entstandene Vorteil im gleichen Zeitpunkt kompensiert. Aus der Sicht der Gesellschaft fehlt es somit an einer „Vermögensminderung", die zum Tatbestand einer verdeckten Gewinnausschüttung gehört (§ 8 Abs. 3 Satz 2 KStG)[213]. Damit können auch die Steuerfolgen nicht eintreten.

Zu bilanzieren ist der Rückgewähranspruch im Zeitpunkt seiner Entstehung[214]. Wurde das versäumt, ist die Bilanz der Gesellschaft unrichtig, da sie eine verdeckte Gewinnausschüttung ausweist, obwohl der Erstattungsanspruch materiell-rechtlich gegeben ist. Eine verdeckte Gewinnausschüttung liegt also nicht vor. Die Bilanz ist demnach zu berichtigen, indem der Rückgewähranspruch eingestellt wird[215]. Dies ist auch nach dem Handelsrecht zulässig[216].

Macht die Gesellschaft den Rückgewähranspruch geltend, so beeinflußt dies die Einkommen der Gesellschaft und — mit Einschränkung — des Gesellschafters weder im Jahr der Zuwendung noch im Jahr der Erstattung. Beim Bilanzierenden ist der Vorgang erfolgsneutral. Daraus folgt, daß die Auffassung der Finanzverwaltung nicht in jedem Fall richtig ist[217]. Zumindest dann, wenn der Gesellschafter bilanziert, entstehen keine negativen Einkünfte. Negative Einkünfte im Jahr der

---

[211] *Herrmann / Heuer / Raupach,* § 4 EStG Anm. 34 n 5; *Sudhoff,* FR 1962, S. 243 (245 a. E.).

[212] s. o. 3. Kap. B II 1 b bb.

[213] Das KStG 1981 gibt keine Definition der verdeckten Gewinnausschüttung, sondern setzt diese voraus; vgl. *Herrmann / Heuer / Raupach,* § 8 KStG 1981 Anm. II 1; auch *Beckmann,* BB 1967, S. 532 (535).

[214] BFH BStBl. 1972 II, S. 547 (LS, 549); *Herrmann / Heuer / Raupach,* § 4 EStG Anm. 75 m. w. N.

[215] *Herrmann / Heuer / Raupach,* § 4 EStG Anm. 75.

[216] *Hundertmark / Harms,* BB 1973, S. 1051 (1055).

[217] *Blencke,* NWB F. 2, S. 2233 (2243); *Kayser,* WPg 1968, S. 481 (489).

Rückzahlung[218] entstehen allerdings dann, wenn der Gesellschafter Überschußeinkünfte bezieht oder seinen Gewinn nach der Einnahmen-/Ausgaben-Überschußrechnung ermittelt, wenn — mit anderen Worten — das Zuflußprinzip gilt.

Satzungsklauseln sind nur bei einigen Gesellschaftsformen sinnvoll.

So erübrigen sie sich bei Aktiengesellschaften, da der Anspruch auf Rückgewähr der Vorteile kraft Gesetzes gleichzeitig mit der Vornahme der verdeckten Gewinnausschüttungen entsteht (§§ 57, 58, 62 Abs. 1 S. 1 AktG). Bei der GmbH entsteht ein Anspruch auf Rückgewähr nach den §§ 30, 31 GmbHG nur, wenn infolge der verdeckten Gewinnausschüttung eine Minderung des Vermögens eintritt, das zur Erhaltung des Stammkapitals erforderlich ist. Ausgleichsansprüche der Mit-Gesellschafter können einem Erstattungsanspruch der Gesellschaft nicht gleichgestellt werden, auch nicht im Wege der actio pro socio[219]. Bei der GmbH können Satzungsklauseln angewendet werden. Dies gilt auch für Kommanditgesellschaften auf Aktien, bei denen Erstattungsansprüche ebenfalls nicht gesetzlich geregelt sind.

Die zuweilen vertretene Auffassung, Satzungsklauseln könnten auch in die Gesellschaftsverträge der Personengesellschaften eingearbeitet werden[220], ist abzulehnen[221]. Gemäß § 15 Abs. 1 Nr. 2, 3 EStG gehören zu den Einkünften des Gesellschafters einer Offenen Handelsgesellschaft, einer Kommanditgesellschaft oder einer anderen Personengesellschaft neben den Gewinnanteilen auch die Vergütungen, die er von der Gesellschaft für Tätigkeiten in ihrem Dienst, für die Hingabe von Darlehen oder für die Überlassung von Wirtschaftsgütern erhält. Derartige Entgelte mindern den verteilungsfähigen Gewinn der Personengesellschaft (Vorweg-Gewinn). Diese Entnahmen sind aber steuerlich irrelevant; denn die Personengesellschaft selbst ist nicht Steuersubjekt. Die Gewinne werden vielmehr bei den einzelnen Gesellschaftern erfaßt und zwar ohne Rücksicht darauf, ob sie tatsächlich verteilt worden sind oder nicht[222]. Daher kommt einer Rückgängigmachung dieser Vorgänge keine Bedeutung für die Gesellschaft zu. Aufgrund der bestehenden Rechtslage bringt die neue Rechtsprechung des BFH, in der er die Bilanzbündeltheorie bei Personengesellschaften aufgibt[223], keine Änderung.

---

[218] BFH BB 1966, S. 525; BFH BB 1977, S. 781 (LS 2, 782).

[219] Ausführlich: *Döllerer*, BB 1979, S. 57 (61).

[220] — *el.* —, DB 1967, S. 836.

[221] *Grass*, StuW 67, Sp. 449 (457), argumentiert rein begrifflich, indem er davon ausgeht, daß bei Personengesellschaften schon keine Satzung denkbar ist; ebenso *Kayser*, WPg 1968, S. 481 (486).

[222] *Blümich / Falk*, § 15 EStG, S. 217 a, 218, 226.

[223] BFH BB 1982, S. 1278 (m. w. N.).

Schließlich wird die Ansicht vertreten, Satzungsklauseln könnten sich auf rein tatsächliche Vorgänge beziehen[224]. Jedoch können Realakte nicht rückwirkend rückgängig gemacht werden[225].

cc) Diskussion

Sind demnach Satzungsklauseln bei Kapitalgesellschaften denkbar, so ist doch zweifelhaft, ob sie ihren Zweck erreichen können, der darin liegt, Rückgewähransprüche gegen die Gesellschafter zu begründen.

Die Grundlage zivilrechtlicher Ansprüche bilden neben dem Gesetz in erster Linie Verträge. Der Anspruch soll hier aber durch eine Satzung begründet werden. Eine Satzung enthält Regelungen, die für die Gesellschaft, ihre Gesellschafter und ihre Organe bindend sind. Sie gilt für den einzelnen Gesellschafter nur dann, wenn er sich ihrer Geltung unterwirft[226], was aber meist infolge des Gesellschaftsvertragsabschlusses oder der Beitrittserklärung geschieht.

Die Satzung regelt aber nur die gesellschaftsrechtlichen Beziehungen. Verdeckte Gewinnausschüttungen beruhen dagegen auf Vorgängen, die über die gesellschaftsrechtlichen Beziehungen hinausgehen. Insbesondere entsprechen sie nicht den gesellschaftsrechtlichen Vorschriften über die Gewinnverteilung[227].

So kann einmal die Gesellschaft an die Gesellschafter ohne bzw. gegen geringes Entgelt Leistungen erbringen (z. B. Gewährung zinsloser Darlehen, Überlassung von Wohnungen gegen geringe Miete, unentgeltliche Erledigung von Arbeiten, Ausleihen von Firmenfahrzeugen), zum anderen kann die Gesellschaft für Leistungen des Gesellschafters ein hohes Entgelt zahlen, z. B. bei Vermietung und Verpachtung von Geschäftsräumen gegen zu hohen Miet- bzw. Pachtzins, bei Dienstleistungen gegen zu hohe Vergütung, bei unangemessenen Pensionen usw.

Aus diesen, den verdeckten Gewinnausschüttungen jeweils zugrunde liegenden Dienst-, Miet-, Pacht-, Darlehens-, Arbeitsverträgen etc. muß der Rückgewähranspruch folgen. Die Satzungsklauseln müssen also in diese Vertragsverhältnisse einwirken, um verdeckte Gewinnausschüttungen vermeiden zu können. Dies geschieht aber nicht automatisch aufgrund ihrer Existenz in der Satzung, da sich auf die gesellschaftsrechtlichen Beziehungen allein keine verdeckten Gewinnausschüttungen

---

[224] *Beckmann*, BB 1967, S. 532 (535).

[225] s. o. 3. Kap. B II 1 d aa bei Fn. 176.

[226] *Larenz*, BGB Allg. Teil, § 8 II.

[227] *Hueck*, § 7 II; BFH BStBl. 1970 II, S. 257 (262): Verdeckte Gewinnausschüttungen beruhen nicht auf einem „den gesellschaftsrechtlichen Vorschriften entsprechenden Gewinnverteilungsbeschluß“.

gründen. Demzufolge führt kein Weg daran vorbei, die Satzungsklauseln in die einzelnen Verträge einzubeziehen.

Mit den bisherigen Ausführungen konnten gleichzeitig die Argumente der Autoren widerlegt werden, die sich gegen die Zulässigkeit der Satzungsklauseln aussprechen: Ebenso wie die Steuerklausel ist auch die Satzungsklausel ein Mittel zur Gestaltung steuerlich relevanter Sachverhalte. Da durch sie infolge des gleichzeitig entstehenden Erstattungsanspruchs eine verdeckte Gewinnausschüttung von Anfang an nicht vorliegt, entsteht auch kein Schwebezustand.

c) Wirkung zulässiger Satzungsklauseln

Zivilrechtlich führt die Satzungsklausel, die als besondere Art der Steuerklausel ebenfalls eine unechte Gegenwartsbedingung ist, zur anfänglichen Unwirksamkeit des Rechtsgeschäftes, auf dem die verdeckte Gewinnausschüttung beruht.

Steuerrechtlich ergibt sich keine andere Beurteilung als bei den Steuerklauseln: Wegen der anfänglichen Unwirksamkeit ist § 175 Abs. 1 Satz 1 Nr. 2 AO zunächst nicht anwendbar. Ein rückwirkendes Ereignis kann erst dann bejaht werden, wenn die anfänglich entstandenen wirtschaftlichen Folgen der verdeckten Gewinnausschüttung nachträglich beseitigt werden.

Ebenso wie bei den Steuerklauseln setzt die Anerkennung der in die Einzelverträge aufzunehmenden Satzungsklauseln voraus, daß sie im voraus klar und eindeutig festgelegt werden und daß eine tatsächliche Ungewißheit hinsichtlich der Steuerfolgen besteht[228].

d) Verzicht auf Rückgewähr

Verzichten die Gesellschafter auf die Rückgewähr der Vorteile, obwohl die Zuwendung von den Finanzbehörden als verdeckte Gewinnausschüttung erkannt wurde, so wird das Aktivvermögen der Gesellschaft erst mit dem Verzicht vermindert. Da der (bilanzierende[229]) Gesellschafter damit von einer Verbindlichkeit befreit wird, mehrt sich sein Vermögen[230]; mit anderen Worten entsteht die verdeckte Gewinnausschüttung erst mit dem Verzicht. Eine Rückwirkung ist bei dieser Fallkonstellation aber zu verneinen.

---

[228] *Klemm*, DB 1966, S. 1624 (1625); *Theis*, Die AG 1968, S. 48 (51).

[229] Bilanziert der Gesellschafter nicht, gilt das Zuflußprinzip.

[230] BFH BStBl. 1977 II, S. 571 (572); *Döllerer*, BB 1979, S. 57 (61); *Felix*, GmbHR 1963, S. 10 (12); *Herrmann / Heuer / Raupach*, § 4 EStG Anm. 75; *Sudhoff*, FR 1962, S. 243 (245).

e) Zusammenfassung

Die Untersuchung hat gezeigt, daß Steuerklauseln und in die Einzelverträge einzubeziehende Satzungsklauseln unter sonst gleichen Voraussetzungen zulässig sind. Als unechte Gegenwartsbedingungen führen sie zur anfänglichen Unwirksamkeit des Rechtsgeschäftes. Daher können die §§ 175 Abs. 1 Satz 1 Nr. 2, 41 Abs. 1 Satz 1 AO nur angewendet werden, wenn die zunächst eingetretenen wirtschaftlichen Resultate der Geschäftsvorfälle nachträglich wieder beseitigt werden.

3. *Rückgängigmachung von verdeckten Gewinnausschüttungen und anderen durchgeführten gesellschaftsrechtlichen Vereinbarungen*

Verdeckte Gewinnausschüttungen können nicht nur rückgängig gemacht werden, wenn infolge von gesetzlichen Vorschriften oder Satzungsklauseln mit ihrer Vornahme zugleich Rückforderungsansprüche entstehen. Unter einschränkenden Voraussetzungen ließ es die Rechtsprechung zu den Vorgängervorschriften der §§ 175, 41 AO in Ausnahmefällen zu, sie mit steuerlicher Wirkung rückgängig zu machen. Bevor auf diese Ausnahmerechtsprechung eingegangen wird, sollen die steuerlichen Folgen einer verdeckten Gewinnausschüttung aufgezeigt werden.

a) Definition und steuerliche Folgen

Verdeckte Gewinnausschüttungen sind gegeben, wenn eine Kapitalgesellschaft ihrem Gesellschafter außerhalb der gesellschaftsrechtlichen Gewinnverteilung einen Vermögensvorteil zuwendet, den sie bei Anwendung der Sorgfalt eines ordentlichen und gewissenhaften Geschäftsleiters einem Nichtgesellschafter unter sonst gleichen Umständen nicht zugewendet hätte[231].

Nach altem Recht unterlagen die nicht ausgeschütteten Gewinne nur der Körperschaftsteuer; die ausgeschütteten hingegen wurden einer doppelten Besteuerung mit Körperschaftsteuer und Einkommensteuer unterworfen. Während auf Gewinnausschüttungen, die aufgrund eines Gewinnverteilungsbeschlusses erfolgten, ein Steuersatz von nur 15 Prozent angewendet wurde, unterlagen die verdeckten Ausschüttungen dem regulären Tarif von 51 Prozent[232].

Die hohe Steuerbelastung ließ Zuwendungen, die von den Finanzbehörden als verdeckte Gewinnausschüttungen erkannt worden waren,

[231] BFH HFR 1961, S. 230; BFH BStBl. 1964 III, S. 370 (LS); 1970 II, S. 527; 1978 II, S. 109 (110); BFH BB 1981, S. 717 (717); BFH DB 1982, S. 2272; *Classen*, BB 1984, S. 327 (328); *Döllerer*, BB 1979, S. 57 (57) m. w. N.

[232] § 19 Abs. 1 Ziff. 1 i. V. m. Abs. 3 KStG a. F.

wirtschaftlich sinnlos werden. Darin lag der Grund, weshalb die Gerichte in Einzelfällen — insbesondere, wenn verdeckte Gewinnausschüttungen irrtümlich vorgenommen wurden — die Rückgängigmachung zuließen.

Wenngleich das geltende Recht die Doppelbesteuerung vermeidet, indem die Körperschaftsteuer auf die Einkommensteuerschuld des Gesellschafters angerechnet wird und zudem der Tarif für alle Ausschüttungen[233] bei 36 Prozent liegt, so kann es doch sinnvoll sein, verdeckte Gewinnausschüttungen zu vermeiden; werden Zuwendungen nämlich als verdeckte Gewinnausschüttungen erkannt, können sie steuerlich nicht als Betriebsausgaben berücksichtigt werden. Vielmehr werden sie regulären Ausschüttungen gleichgestellt. Das zu versteuernde Einkommen erhöht sich entsprechend. Für die verdeckte Gewinnausschüttung ist die Ausschüttungsbelastung gemäß § 28 Abs. 2 KStG herzustellen. Darüber hinaus wird das um die verdeckte Gewinnausschüttung erhöhte steuerpflichtige Einkommen der Berechnung des Gewerbeertrages zugrunde gelegt (§ 7 GewStG).

b) Rechtsprechung

Ausgehend von dem Grundsatz, daß ein Sachverhalt, der eine Steuerfolge auslöste, nachträglich nicht rückwirkend umgestaltet werden kann[234], erkannte die Rechtsprechung Ausnahmen an, wenn

— die Beteiligten die steuerlichen Folgen ihrer Handlungsweise nicht überblicken konnten,

— diese Folgen ungewöhnlich hart waren

— und wenn der frühere Zustand bis zur Bilanzaufstellung wieder hergestellt war[235].

Neben den verdeckten Gewinnausschüttungen konnten unter diesen Umständen zum Beispiel auch Kapitalerhöhungen mit steuerlicher Wirkung rückgängig gemacht werden[236].

Der Reichsfinanzhof und ihm folgend die früheren Urteile des BFH ließen eine Ausnahme nur zu, „wenn der Zusammenhang der Maß-

---

[233] Das folgt aus § 27 Abs. 3 KStG 1981, der von Ausschüttungen spricht, die auf „einem den gesellschaftsrechtlichen Vorschriften entsprechenden Beschluß“ beruhen und in S. 2 „andere Fälle“ erwähnt, womit auch verdeckte Ausschüttungen erfaßt werden.

[234] RFH RStBl. 1935, S. 745 (747); BFH BStBl. 1953 III, S. 359 (360 u, 361); 1957 III, S. 400 (400); 1963 III, S. 455 (456); *Heuer*, StbJb 1959/60, S. 327 (358); *Klemm*, DB 1966, S. 1625.

[235] BFH BStBl. 1962 III, S. 255 (LS, 257) = BB 1962, S. 747; BFH BStBl. 1967 III, S. 152 (153) = DB 1967, S. 363; BFH BStBl. 1970 II, S. 527 (528); BFH BB 1983, S. 1906 (1907).

[236] BFH BStBl. 1957 III, S. 400.

nahme mit einem Irrtum über die steuerliche Auswirkung klar nachgewiesen ist, Schiebungen nicht in Frage kommen können und wenn die Maßnahme sich nicht bereits anderweitig steuerlich ausgewirkt hat"[237].

In den Entscheidungen wurden die Ausnahmefälle auf unterschiedliche dogmatische Grundlagen gestellt; sie wurden mit der Lehre vom Wegfall der Geschäftsgrundlage[238], dem Grundsatz von Treu und Glauben[239], mit Billigkeitserwägungen[240] sowie mit dem Bestehen eines Schwebezustandes[241] begründet. In manchen Urteilen werden Zweifel angemeldet, ob diese Ausnahmerechtsprechung zur Rückgängigmachung noch aufrechterhalten werden kann[242].

In der Literatur wird die Auffassung vertreten, daß verdeckte Gewinnausschüttungen nur rückgängig gemacht werden könnten, wenn dies zuvor in einer Satzungsklausel festgelegt worden sei[243].

Ob die oben wiedergegebene Rechtsprechung unter der Geltung der AO noch fortgeführt werden kann, hängt entscheidend von ihrer dogmatischen Grundlage ab.

c) Diskussion

aa) Rechtsgrundlagen

Der Auffassung, nach der verdeckte Gewinnausschüttungen und andere gesellschaftsrechtliche Vereinbarungen auf der Grundlage von Treu und Glauben wegen „der Schwierigkeit und Unübersichtlichkeit des heutigen Steuerrechts" ausnahmsweise rückgängig gemacht werden könnten, kann im Zusammenhang mit Korrekturvorschriften nicht gefolgt werden. Mit Hilfe des Grundsatzes von Treu und Glauben können nur die Rechtsfolgen eines verwirklichten Tatbestandes korrigiert werden; er vermag jedoch nicht die tatbestandlichen Voraussetzungen für § 175 Abs. 1 Satz 1 Nr. 2 AO zu schaffen. Der Grundsatz von Treu und Glauben läßt den besteuerten Sachverhalt unberührt. Außerdem ist die Argumentation nicht vertretbar. Da sich das Steuerrecht für die meisten Steuerpflichtigen als komplizierte Materie darstellt, müßte der Grundsatz von Treu und Glauben einen bedeutend weiteren Anwendungsbereich haben[244].

---

[237] RFH RStBl. 1930, S. 633; 1931, S. 526; 1935, S. 745 (747); BFH BStBl. 1953 III, S. 359 (360); 1954 III, S. 4 (5); 1957, III, S. 400 (401).

[238] BFH BStBl. 1962 III, S. 255 = BB 1962, S. 747.

[239] BFH BStBl. 1957 III, S. 400 (401); FG Münster EFG 1962, S. 265 (267); vgl. *Blencke*, FR 1962, S. 271 (272).

[240] BFH BStBl. 1968 II, S. 4 (5).

[241] BFH BStBl. 1962 III, S. 255.

[242] BFH BStBl. 1968 II, S. 4 (5); 1970 II, S. 527 (528); BB 1983, S. 1906 (1907).

[243] Vgl. die Nachweise in BFH BStBl. 1967 III, S. 152 (153); *Theis*, DB 1967, S. 1198 und Die AG 1968, S. 48 (51).

Ebenfalls abzulehnen ist die Begründung, die vom Bestehen eines Schwebezustandes infolge von Unklarheit oder Ungewißheit über etwaige Steuerfolgen[245] ausgeht. Wird nämlich eine verdeckte Gewinnausschüttung vorgenommen oder eine Kapitalerhöhung durchgeführt, werden diese tatsächlichen Vorgänge besteuert, weil entsprechende Tatbestände erfüllt wurden. Die Steuertatbestände enthalten keine subjektiven Merkmale. Somit kann eine etwaige Unsicherheit oder Unkenntnis des Steuerpflichtigen über die Folgen keinen Schwebezustand begründen[246]. Darüber hinaus würde es diese Auffassung ermöglichen, eingetretene Tatsachen rückgängig zu machen, da sich der Steuerpflichtige nur auf mangelnde Kenntnis des Steuerrechts berufen müßte.

Versteht man die Ausnahmefälle der Rechtsprechung als Billigkeitsentscheidungen[247], so kann ein teilweiser oder vollständiger Erlaß angenommen werden mit der Folge, daß die Ansprüche aus dem Steuerschuldverhältnis insoweit erlöschen (§ 47 AO). Ebenso wie der Grundsatz von Treu und Glauben wirken sich auch Billigkeitsentscheidungen nur auf der Rechtsfolgenseite aus. Der Steuertatbestand wird durch sie nicht beeinflußt. Daher können auch die Billigkeitsentscheidungen keine rückwirkenden Ereignisse i. S. des § 175 Abs. 1 Satz 1 Nr. 2 AO sein.

Somit bleibt das Institut des Wegfalls der Geschäftsgrundlage zu behandeln, das — wie bereits erörtert[124] — u. a. die Fälle des beiderseitigen Irrtums der Vertragspartner über gemeinsame Vorstellungen erfaßt. Beseitigen die Vertragspartner die wirtschaftlichen Ergebnisse eines Geschäftes unter Berufung auf den Wegfall der Geschäftsgrundlage, ist § 175 Abs. 1 Satz 1 Nr. 2 i. V. m. § 41 Abs. 1 Satz 1 AO anwendbar. Da auch steuerliche Erwägungen die Geschäftsgrundlage bilden können[248], könnten die Ausnahmefälle der Rechtsprechung über dieses Institut dogmatisch befriedigend gelöst werden.

Sämtlichen Sachverhalten, die den Ausnahmefällen zugrunde lagen, waren Vorgänge gemeinsam, die unerwartete steuerliche Folgen nach sich zogen. In allen Fällen konnte angenommen werden, daß die Parteien sie nicht durchgeführt hätten, wenn sie den Umfang der anfallenden Steuern gekannt hätten. Denn die Steuern waren so hoch, daß diese Annahme aufgrund einer wirtschaftlichen Betrachtung des Geschäftes gerechtfertigt war.

---

[244] Ähnlich in der Begründung *Herrmann / Heuer / Raupach,* § 4 EStG Anm. 34 f 4.

[245] BFH BStBl. 1962 III, S. 255 (257).

[246] *Herrmann / Heuer / Raupach,* § 4 EStG Anm. 34 f 4.

[247] Aus der Literatur: *Furkel,* BB 1973, S. 1541 (1542).

[248] s. o. 3. Kap. B I 3 g.

Diese Fälle lassen sich unter die Voraussetzungen des Geschäftsgrundlagenwegfalls[249] subsumieren. Die Beteiligten gingen bei den verdeckten Gewinnausschüttungen und den Kapitalerhöhungen davon aus, daß keine steuerpflichtigen Gewinnausschüttungen vorgenommen werden würden. Beide Seiten irrten über die steuerlichen Folgen eines Geschäftes. Steuerliche Überlegungen werden als Geschäftsgrundlage anerkannt[250]. Da nach früherem Recht die Gewinnausschüttungen der Doppelbesteuerung mit Einkommen- und Körperschaftsteuer unterlagen, waren die Auswirkungen des Irrtums erheblich; denn die Durchführung des Geschäftes erschien als wirtschaftlich sinnlos. Daher mußte angenommen werden, daß die Beteiligten bei Kenntnis der Steuerfolgen das Geschäft nicht getätigt hätten.

Da alle Voraussetzungen des Geschäftsgrundlagenwegfalls erfüllt sind, konnten die Beteiligten aufgrund der erheblichen Auswirkungen von ihren Geschäften zurücktreten. Die Beseitigung der wirtschaftlichen Folgen eröffnete den Weg zur Korrektur. Demnach können die Ausnahmefälle der Rechtsprechung über das Institut des Geschäftsgrundlagenwegfalls gelöst werden[251].

Nach der derzeitigen Rechtslage ist dies der einzige dogmatische Weg, in den sog. Ausnahmefällen der Rechtsprechung zu einer Korrektur nach § 175 Abs. 1 Satz 1 Nr. 2 AO zu gelangen.

Daraus folgt gleichzeitig, daß die bereits angesprochene Auffassung[252], nach der eine Korrektur über „stillschweigende Steuerklauseln" möglich sei, abzulehnen ist, zumal diese Konstruktion teilweise ebenfalls auf die Lehre von der Geschäftsgrundlage gestützt wird[253].

bb) Zeitliche Begrenzung

Da die Körperschaftsteuer nach § 7 Abs. 3 Satz 1, 2 KStG 1981 i. V. m. § 38 AO erst mit Ablauf des Veranlagungszeitraumes entsteht, kann eine verdeckte Gewinnausschüttung oder eine Kapitalerhöhung innerhalb des laufenden Wirtschaftsjahres „rückgängig" gemacht werden, ohne daß sie für die Steuer erheblich geworden wäre[254]. Dabei handelt

[249] s. o. 3. Kap. B I 3 g.

[250] s. o. 3. Kap. B I 3 g.

[251] *Barske*, Steuerliche Betriebsprüfung 1962, S. 193; *Bauder*, Steuer-Warte 1958, S. 165 (166); *Högemann*, Inf. 1962, S. 409 (418).

[252] s. o. 3. Kap. B II 1 a.

[253] *Ehlers*, BB 1962, S. 1426 (1427) sieht die stillschweigende Steuerklausel in analoger Anwendung des Gedankens von der Geschäftsgrundlage als jedem Rechtsgeschäft immanent an.

[254] Nach der früheren Rechtsprechung des BFH war dies die einzige Möglichkeit der Rückgängigmachung, da mit Ablauf des Veranlagungszeitraumes die Steuer entstanden ist, die ursprüngliche Gestaltung also bereits steuerliche Auswirkungen gehabt hat. — Die gleiche Auffassung vertreten — *en.* —,

es sich nicht um eine Rückgängigmachung im eigentlichen Sinne, sondern um die endgültige rechtliche Wertung tatsächlicher Verhältnisse[255].

In seinen Urteilen vom 10. 4. 1962 und 30. 11. 1966[256] ließ der BFH die Rückgängigmachung nur bis zur Bilanzaufstellung zu. Demgegenüber wird die Meinung vertreten, eine verdeckte Gewinnausschüttung müsse auch noch nach der Bilanzaufstellung rückgängig gemacht werden können, wenn die Beteiligten die rechtlichen und wirtschaftlichen Folgen des Geschäftes sofort beseitigen, nachdem sie Kenntnis von den nicht einkalkulierten Steuerfolgen erlangt haben[257]. Denn die Irrtümer würden in der Regel erst während des Veranlagungsverfahrens aufgedeckt werden. Daher sei erst ab dem Zeitpunkt der Erkenntnis über die Folgen eine Korrektur möglich[258].

Diese Auffassung berücksichtigt aber nicht die Besonderheiten, die bei den laufend veranlagten Steuern bestehen. Denn die Grundsätze ordnungsmäßiger Buchführung verhindern eine Rückgängigmachung laufender Geschäftsvorfälle[259]. Darüber hinaus ließen die Beteiligten zum Stichtag die wirtschaftlichen Folgen ihrer Vereinbarungen bestehen. Da bei laufend veranlagten Steuern die wirtschaftlichen Verhältnisse zu einem bestimmten Stichtag der Besteuerung zugrunde gelegt werden, gehören auch die Folgen der verdeckten Gewinnausschüttungen und Kapitalerhöhungen zum Steuertatbestand. Schließlich können die Bilanzen nach ihrer Einreichung beim Finanzamt nur nach § 4 Abs. 2 EStG korrigiert werden. Die entsprechenden Voraussetzungen sind jedoch nicht erfüllt; insbesondere ist die nach den verfügbaren Erkenntnissen des Bilanzierenden erstellte Bilanz nicht unrichtig, da es für deren Richtigkeit nur auf subjektive Kriterien ankommt[260]. Auch § 175 Abs. 1 Satz 1 Nr. 2 AO läßt eine rückwirkende Bilanzkorrektur nicht zu[261]. Daher kann eine verdeckte Gewinnausschüttung oder eine

---

DB 1963, S. 711; *Felix*, GmbHR 1963, S. 10 (11); *Grass*, StuW 1967, Sp. 449 (460); *Kohrs*, GmbHR 1962, S. 225; *Krah*, Inf. 1968, S. 145 (146); *Mittelbach*, DStR 1962, S. 133; *Stumpe*, GmbHR 1961, S. 90 (90, 92); *Sudhoff*, FR 1962, S. 243 (246).

[255] *Beker*, S. 115.

[256] BFH BStBl. 1962 III, S. 255; 1967 III, S. 152 (153); vgl. dazu *Beckmann*, BB 1967, S. 532 (533).

[257] *Felix*, GmbHR 1963, S. 10 (11); *Grieger*, BB 1957, S. 1097 und BB 1962, S. 747; *Hartz*, DB 1962, S. 790 (791); *Herrmann / Heuer / Raupach*, § 4 EStG Anm. 34 f 5.

[258] Z. B.: BFH DB 1961, S. 226 (LS, 226); *Hartz*, DB 1962, S. 790 (791) vergleicht diese Fälle mit denen der „Irrtumsanfechtung" und weist darauf hin, daß bei beiden Fallgruppen auf die Kenntniserlangung abgestellt werden müsse.

[259] s. o. 2. Kap. D VI.

[260] s. o. 2. Kap. D VI 2 a bei Fn. 65.

[261] s. o. 2. Kap. D VI 2 c.

andere durchgeführte gesellschaftsrechtliche Vereinbarung nur bis zum Zeitpunkt der Bilanzeinreichung „rückgängig" gemacht werden[262].

cc) Anwendbarkeit des § 175 Abs. 1 Satz 1 Nr. 2 AO

Da die Rückgängigmachung verdeckter Gewinnausschüttungen zeitlich begrenzt ist, ist die Anwendbarkeit des § 175 Abs. 1 Satz 1 Nr. 2 AO wieder in Frage gestellt. Ein Bedürfnis für diese Korrekturvorschrift besteht dann nicht, wenn die spätere Erkenntnis über die nachteiligen Steuerfolgen als wertaufhellende Tatsache angesehen werden kann, deren Berücksichtigung ohne weiteres bis zur Erstellung der Bilanz möglich ist.

Wertaufhellende Tatsachen sind solche, die für die Verhältnisse am Bilanzstichtag von Bedeutung sind[263]. In diesem Zeitpunkt bestand zwar bereits der Irrtum bzw. die Ungewißheit der Beteiligten über die steuerlichen Folgen des Vorganges. Da aber die Rückgängigmachung einer verdeckten Gewinnausschüttung die Rücktrittserklärung vom Vertrag aufgrund des Geschäftsgrundlagenwegfalls und die Beseitigung der wirtschaftlichen Ergebnisse voraussetzt, treten Umstände ein, die zum Bilanzstichtag noch nicht gegeben waren. Es handelt sich somit nicht um wertaufhellende, sondern um wertbeeinflussende Tatsachen, die nicht berücksichtigt werden können. Rückstellungen können nicht gebildet werden, da dann das Finanzamt gerade auf die Gewinnverwendung aufmerksam gemacht werden würde.

Da aber § 175 Abs. 1 Satz 1 Nr. 2 AO einen bestandskräftigen Steuerbescheid voraussetzt, der bei dieser Fallgruppe noch nicht vorliegt, scheidet eine unmittelbare Anwendung der Korrekturvorschrift aus. Sie könnte allenfalls analog[264] angewendet werden. Die Vorschrift ist analogiefähig, da sich die Analogie weder steuerbegründend noch -erhöhend auswirkt. Daß der Gesetzgeber die hier vorliegende Gesetzeslücke nicht planmäßig geschaffen hat, kann daraus gefolgert werden, daß die Rechtsprechung auf vielen Wegen versucht hat, diese Fälle interessengerecht zu lösen.

[262] RFH RStBl. 1937, S. 925; BFH BStBl. 1963 III, S. 454 (456); grundsätzlich kann ein tatsächlicher Vorgang, der zu einer verdeckten Gewinnausschüttung geführt hat, nicht nach Jahren steuerlich neutralisiert werden; FG Karlsruhe (rkr.) EFG 1955, S. 34 (35); FG Münster EFG 1962, S. 265 (267); *Beckmann*, BB 1967, S. 532 (533); *Hartz*, DB 1962, S. 790 (791); *Hanraths*, Steuerliche Betriebsprüfung 1963, S. 270; *Hoffmann*, FR 1962, S. 365 begründet diese Auffassung damit, daß die Bilanz von Fachleuten aufgestellt werde, die jeden Vorgang sorgfältig durchdenken. Diese Argumentation trifft nicht zu. Denn einmal können die Finanzämter immer noch von deren Auffassung abweichen, zum anderen verzichten die Steuerpflichtigen mit der Bilanzerstellung durch Fachleute nicht auf die Beseitigung der Folgen von Irrtümern.

[263] *Falterbaum*, S. 343 f.

[264] Zu den Voraussetzungen der Analogie: *Tipke*, Steuerrecht, S. 101 f.; *Larenz*, Methodenlehre, S. 343 f.

Aufgabe und Zweck des § 175 Abs. 1 Satz 1 Nr. 2 AO ist es, den Behörden die verfahrensrechtliche Möglichkeit zur Verfügung zu stellen, um den erlassenen Steuerbescheid rückwirkenden Ereignissen anpassen zu können. Die Norm will den Grundsatz der Tatbestandsmäßigkeit der Besteuerung konsequent durchführen.

Dieser Normzweck trifft im wesentlichen auf die hier behandelte Fallgruppe zu. Da noch kein Steuerbescheid ergangen ist, braucht das Finanzamt keine Korrekturhandlung vorzunehmen; jedoch muß es die Sachverhaltsänderung, die der Steuerpflichtige nach dem Bilanzstichtag vorgenommen hat, anerkennen und billigen: Indem sich der Steuerpflichtige auf den Wegfall der Geschäftsgrundlage beruft, soll das Rechtsgeschäft so behandelt werden, als sei es nie zustande gekommen. Beseitigen die Vertragspartner die wirtschaftlichen Folgen des Geschäftes (§ 41 Abs. 1 Satz 1 AO), entfällt der Steuertatbestand infolge des rückwirkenden Ereignisses.

Daraus ergibt sich gleichzeitig die Vergleichbarkeit der Interessenlagen in den Fällen direkter und analoger Anwendung des § 175 Abs. 1 Satz 1 Nr. 2 AO: Kann der Steuerpflichtige durch ein rückwirkendes Ereignis nachträglich den besteuerten Sachverhalt ändern, so hat er — unter den Voraussetzungen, daß er die tatsächlichen Erfordernisse für das betreffende rückwirkende Ereignis darlegen bzw. beweisen kann und die wirtschaftlichen Folgen des durchgeführten Vorganges beseitigt hat — gegenüber der Finanzverwaltung einen Anspruch auf die Korrektur bzw. auf die Anerkennung der rückwirkenden Veränderung.

Demnach kann eine verdeckte Gewinnausschüttung oder eine Kapitalerhöhung über das Institut des Wegfalls der Geschäftsgrundlage bis zur Bilanzerstellung rückgängig gemacht werden. Die steuerliche Anerkennung kann nur über eine analoge Anwendung des § 175 Abs. 1 Satz 1 Nr. 2 AO i. V. m. § 41 Abs. 1 Satz 1 AO erfolgen.

d) Umwandlung einer verdeckten in eine offene Gewinnausschüttung

Bisweilen wird versucht, die steuerlichen Folgen einer verdeckten Gewinnausschüttung zu vermeiden, indem sie nach dem Bilanzstichtag in eine offene Ausschüttung umgewandelt wird.

Fraglich ist, ob eine solche Gestaltung eine Korrektur nach § 175 Abs. 1 Satz 1 Nr. 2 AO auslösen kann.

Allerdings könnten die speziellen Regelungen des § 4 Abs. 2 EStG eingreifen, die die allgemeine Vorschrift des § 175 Abs. 1 Satz 1 Nr. 2 AO verdrängen. Stimmen in der Literatur[265] halten eine Bilanzberichtigung für möglich. Die Umwandlung einer verdeckten in eine offene Gewinnausschüttung sei zulässig, da eine verdeckte Ausschüttung den Grundsätzen ordnungsmäßiger Buchführung widerspreche.

Verdeckte Gewinnausschüttungen unterliegen aber der Dispositionsbefugnis der Beteiligten. Infolgedessen kann gegen die Grundsätze ordnungsmäßiger Buchführung nicht verstoßen werden[266]. Außerdem ist zur Umwandlung ein neuer Gewinnverteilungsbeschluß der Gesellschaft erforderlich. Damit wird die bereits vorgenommene Gewinnverwendung nachträglich geändert. Das ist jedoch kein Tatbestand, der eine Bilanzberichtigung rechtfertigt. Die allgemeine AO-Vorschrift wird also nicht verdrängt.

Der nachträglichen Änderung kommt aber keine Rückwirkung zu[266]. § 175 Abs. 1 Satz 1 Nr. 2 AO ist daher nicht anwendbar. In diesem Sinne hat auch der BFH in seinem Urteil vom 30. 11. 1966[267] zu den entsprechenden Vorschriften des StAnpG entschieden.

4. *Rückgängigmachung von bilanziellen Entscheidungen*

a) Allgemeines und Abgrenzungen

Sämtlichen bisher behandelten Fallgruppen lagen Rechtsgeschäfte zugrunde, die hinfällig wurden. Im folgenden werden die Fälle behandelt, in denen ein Geschäftsvorfall ursprünglich richtig verbucht war; der Steuerpflichtige will aber die wirtschaftlichen und steuerlichen Auswirkungen der Buchung, für die er sich entschieden hat, entweder ganz beseitigen oder durch andere Konsequenzen ersetzen.

Solange dies innerhalb eines Veranlagungszeitraumes geschieht, ist die Rückgängigmachung unproblematisch[268]; denn bei laufend veranlagten Steuern entsteht die Steuerschuld erst mit Ablauf des Wirtschaftsjahres (§ 1 Abs. 7 EStG, § 7 Abs. 3 KStG, § 16 Abs. 1 UStG).

Von der Rückgängigmachung eines Buchungsvorganges ist die Stornobuchung zu unterscheiden. Hierdurch wird ein ursprünglich fehlerhaft verbuchter Vorfall durch eine entsprechende Gegenbuchung berichtigt[269].

---

[265] *Felix*, DB 1962, S. 624 und GmbHR 1963, S. 10 (12); *Matthies*, DB 1962, S. 1093.

[266] *Beker*, S. 120; *Grass*, StuW 1967, Sp. 455 (461); *Henninger*, DB 1963, S. 1374 (1375).

[267] BFH BStBl. 1967 III, S. 152 (153) = StRK § 4 StAnpG R. 39.

[268] RFH RStBl. 1938, S. 133; BFH BStBl. 1954 III, S. 4; 1968 II, S. 4 = BB 1967, S. 1406.

[269] *Grass*, StuW 1967, Sp. 449 (450).

Weiterhin ist die Rückgängigmachung eines Geschäftsvorfalles von der Bilanzänderung abzugrenzen. Bei einer Bilanzänderung wird ein handels- und steuerrechtlich zulässiger Bilanzansatz durch einen anderen gleichfalls zulässigen Bilanzansatz ersetzt[270]. Die Bilanzänderung darf sich — bei unverändertem Sachverhalt — nur auf die Bewertung von Gegenständen des Betriebsvermögens beziehen; eine Rückgängigmachung von Betriebsvorgängen kann sie nicht bewirken[271].

Eine Rückgängigmachung liegt ferner auch dann nicht vor, wenn ein ursprünglich nicht in die Bilanz eingestelltes Wirtschaftsgut nachträglich verbucht wird und wenn weitere Umstände vorhanden sind, die zeigen, daß lediglich objektiv falsch bilanziert wurde; dann kann die unterlassene Einstellung in die Bilanz nicht als Entnahme gewertet werden[272]. Eine Bilanzberichtigung muß erfolgen.

b) Zulässigkeit

Nach dem Bilanzstichtag können grundsätzlich keine Sachverhaltsänderungen mehr für den abgelaufenen Veranlagungszeitraum vorgenommen werden[273]. Dies gilt auch für die Bilanzierung.

Ein Kaufmann darf zwar wählen[274], ob er einen Geschäftsvorfall der betrieblichen oder der privaten Sphäre zuordnet. Er muß sich aber in der Bilanz entscheiden, ob einem Vorgang Auswirkungen auf das Betriebsvermögen zukommen sollen[275]; dies gilt unabhängig davon, ob man nach der statischen Bilanzauffassung den Zweck der Bilanz in der richtigen Ermittlung des Betriebsvermögens oder mit der dynamischen Bilanztheorie ihre primäre Aufgabe in der Erfolgsermittlung sieht[276]. Betriebliche Vorgänge muß er bilanzieren. Maßgebender Bilanzierungszeitpunkt ist der jeweilige Stichtag[277]. Da diese termingebundene Entscheidung gleichzeitig für den zu besteuernden Sachverhalt maßgebend ist[278], muß sich der Steuerpflichtige daran festhalten lassen. Daher ist

---

270 BFH BStBl. 1964 III, S. 553; 1976 II, S. 88 (92); BFH BB 1981, S. 1500.

271 RFH RStBl. 1938, S. 133; BFH BStBl. 1953 III, S. 359 (360, 361); 1954 III, S. 4; BFH BB 1981, S. 1500.

272 BFH BStBl. 1956 III, S. 17 (18); 1963 III, S. 234 (LS, 234); *Kayser*, WPg 1968, S. 481 (484); *Mittelbach*, DStR 1962, S. 133 (136).

273 s. o. 3. Kap. B II 3 c cc.

274 BFH BStBl. 1975 II, S. 811 (812 u.).

275 BFH BStBl. 1964 III, S. 552 (553); 1977 II, S. 316 (317).

276 Die organische Auffassung bewertet die Wirtschaftsgüter in der Bilanz mit ihren Wiederbeschaffungskosten am Bilanzstichtag und soll so Gewinn und Vermögen möglichst zutreffend darstellen. Wegen der Schwierigkeiten bei der Bewertung konnte sich diese Auffassung in der kaufmännischen Praxis nicht durchsetzen. Vgl. *Falterbaum*, S. 296 ff.; *Tipke*, Steuerrecht, S. 218.

277 *Falterbaum*, S. 341.

eine Rückgängigmachung von Buchungsvorgängen nach dem Stichtag grundsätzlich nicht möglich[279].

So hat es die Rechtsprechung beispielsweise abgelehnt, Einlagen und Entnahmen nach dem Bilanzstichtag mit Wirkung ex tunc rückgängig zu machen[280]. Nicht zugelassen hat sie ferner, daß nachträglich die Wertansätze von Gegenständen des Betriebsvermögens erhöht werden[281].

Nach der Rechtsprechung des RFH[282] und — ihm folgend — des BFH[283] können solche Geschäftsvorfälle ausnahmsweise mit steuerlicher Wirkung rückgängig gemacht werden, wenn

— der Geschäftsvorfall auf einem klar nachgewiesenen Irrtum über dessen steuerliche Folgen beruht,

— steuerliche Manipulationen ausgeschlossen sind und

— wenn sich der Vorgang anderweitig noch nicht steuerlich ausgewirkt hat.

Die Rechtsprechung geht davon aus, daß die Aufzeichnungen des Steuerpflichtigen über die Geschäftsvorfälle solange als Erkenntnisquelle heranzuziehen sind, bis es ihm gelingt, den Irrtum über die Steuerfolgen nachzuweisen[284]. Hierin liegt der Ansatzpunkt, Billigkeitserwägungen in die Beurteilung des jeweiligen Sachverhaltes einfließen zu lassen. Dies hat den BFH veranlaßt, Zweifel an dieser Rechtsprechung zu äußern[285], zumal sie nicht auf einer einheitlichen Grundlage steht[286].

In der Literatur wird nur vereinzelt die Möglichkeit bejaht, Buchungsvorgänge auch nach dem Bilanzstichtag noch mit Wirkung für die Ver-

[278] s. o. 2. Kap. D VI 4 b; RFH RStBl. 1935, S. 745 (747).

[279] RFH RStBl. 1938, S. 133; BFH BStBl. 1953 III, S. 359 (361); 1954 III, S. 4; 1973 II, S. 700 (701); FG Rheinland-Pfalz EFG 1956, S. 375: Betriebsausgaben können nicht durch Bilanzberichtigung, -änderung oder Rückgängigmachung von Betriebsvorgängen in Sonderausgaben umgewandelt werden; FG Münster EFG 1962, S. 265 (266); *Boettcher*, StuW 1931, Sp. 643 (651); *Heinlein*, Steuerliche Betriebsprüfung 1963, S. 309 (314).

[280] RFH RStBl. 1938, S. 133; BFH BStBl. 1954 III, S. 4; 1968 III, S. 4; 1973 II, S. 700 (701); BFH BB 1983, S. 1906.

[281] BFH BB 1981, S. 1500.

[282] RFH StuW 1929 Nr. 339; RFH RStBl. 1930, S. 633; 1931, S. 19; 1931, S. 526 (528); 1935, S. 745 (747).

[283] BFH BStBl. 1953 III, S. 359 (360); 1954 III, S. 4 (4 u.); StRK § 7 c EStG R. 66 (a. E.); BStBl. 1968 II, S. 4 (5); 1973 II, S. 700 (701); BFH BB 1983, S. 1906 (1907); FG Münster EFG 1962, S. 265 (266).

[284] BFH BStBl. 1964 III, S. 504 (506); vgl. auch *Heinlein*, Steuerliche Betriebsprüfung 1963, S. 309 (314); *Kayser*, WPg 1968, S. 481 (483); *Mittelbach*, DStR 1962, S. 133 (136); *Woltmann*, S. 15.

[285] BFH BStBl. 1968 II, S. 4 (5 a. E.); 1970 II, S. 527 (528); 1973 II, S. 700 (701); BFH BB 1983, S. 1906 (1907).

[286] BFH BStBl. 1973 II, S. 700 (701) zieht den Grundsatz von Treu und Glauben heran.

gangenheit rückgängig machen zu können[287]. Die Rechtsprechung stößt überwiegend auf Kritik[288]; insoweit ihr zugestimmt wird, herrscht Streit über ihre Grundlagen[289].

c) Eigene Ansicht

Auch im Zusammenhang mit der Rückgängigmachung von Buchungsvorgängen werden Billigkeitserwägungen, der Grundsatz von Treu und Glauben und das Bestehen eines Schwebezustandes als Begründungen angeführt.

Im Gegensatz zu den Fällen, in denen verdeckte Gewinnausschüttungen rückgängig gemacht werden, kann das Institut des Wegfalls der Geschäftsgrundlage bei der Rückgängigmachung von Buchungsvorgängen keine Anwendung finden; denn Voraussetzung hierfür ist eine schuldrechtliche Vereinbarung[290]. Diese Voraussetzung ist aber bei den hier behandelten Buchungsvorgängen nicht erfüllt. Diese Geschäftsvorfälle — wie z. B. Einlagen, Entnahmen usw. — beruhen hingegen auf Realakten.

Mangels vertraglicher Vereinbarungen kann auch nicht auf die Lehre von der clausula rebus sic stantibus[291] zurückgegriffen werden, um einen Buchungsvorgang mit steuerlicher Wirkung rückgängig zu machen. Denn die Lehre von der clausula rebus sic stantibus, aus der sich das Institut des Geschäftsgrundlagenwegfalls entwickelt hat, geht ebenfalls von schuldrechtlichen Verträgen aus.

Damit scheiden diese Lösungsmöglichkeiten von den Voraussetzungen her aus. Der Wegfall der Geschäftsgrundlage bzw. die clausula rebus sic stantibus waren aber die einzigen Begründungen, mit denen sich die Rückgängigmachung von Buchungsvorgängen mit Wirkung für die Vergangenheit dogmatisch hätte erklären lassen.

Mit dem Grundsatz von Treu und Glauben sowie mit Billigkeitserwägungen können Rechtsfolgen im Einzelfall korrigiert werden; mit diesen Begründungen können aber keine rückwirkenden Tatbestandsänderungen erklärt werden. Der weitere Lösungsversuch über den Schwebezustand ist abzulehnen, weil tatsächliche Vorgänge nicht in der

---

[287] *Grieger*, BB 1967, S. 1406 (1407).

[288] *Beker*, S. 89; *Heinlein*, Steuerliche Betriebsprüfung 1963, S. 309 (314) und 1964, S. 5 (11); *Kayser*, WPg 1968, S. 481 (484); *Tipke*, NJW 1968, S. 865 (866).

[289] *Nolte*, DB 1970, S. 507 (509) betrachtet die Rspr. unter dem Aspekt des Grundsatzes von Treu und Glauben; ebenso *Judeich / Felix*, § 4 StAnpG Tz. 15.

[290] Das ergibt sich aus der Definition; s. o. 3. Kap. B I 3 g.

[291] Die Lehre besagt, daß jeder schuldrechtliche Vertrag solange bindend ist, wie sich die Verhältnisse, die für seinen Abschluß bestimmend waren, nicht grundlegend verändert haben; vgl. *Forsthoff*, S. 282; *Knack (Schwarze)*, § 38 Rdnr. 6; Münchener Kommentar *(Roth)*, Bd. 2, § 242 Rdnr. 457.

Schwebe gehalten werden können. Hinzu kommt, daß subjektive Kriterien — wie Unsicherheit oder Unkenntnis über steuerliche Rechtsfolgen — keinen Schwebezustand begründen können[292].

Damit gehört diese Fallgruppe nicht zum Anwendungsbereich des § 175 Abs. 1 Satz 1 Nr. 2 AO. Das Ergebnis überrascht nicht; denn Realakte können grundsätzlich nicht mit steuerlicher Wirkung für die Vergangenheit rückgängig gemacht werden[293].

Gleichwohl kann es im Einzelfall geboten sein, einen Buchungsvorgang steuerlich „rückgängig" zu machen. Eine Vereinbarung kann rückgängig gemacht werden, wenn die Steuerfolgen so hart sind, daß das Geschäft seinen wirtschaftlichen Sinn verliert[294]. Die gleichen steuerlichen Folgen sind bei Buchungsvorgängen denkbar, wenn Realakte zugrunde liegen. Wenn auch das geltende Steuerrecht es nicht erlaubt, den durch den Buchungsvorgang verwirklichten Steuertatbestand rückwirkend zu beseitigen, so können doch die steuerlichen Folgen als nicht eingetreten angesehen werden. Der Grundsatz von Treu und Glauben, der auch im Steuerrecht gilt[295], kann hier abhelfen. Entsprechend den unter Ziff. 3[296] behandelten Fällen können folgende Voraussetzungen aufgestellt werden:

— der Steuerpflichtige konnte die steuerlichen Folgen seiner Handlungsweise nicht überblicken;

— diese Folgen waren ungewöhnlich hart;

— der frühere Zustand wird bis zur Bilanzerstellung wieder hergestellt (dies gilt nur, wenn der Buchungsvorgang sich auf die Gewinnermittlung auswirkte; ist der Vorgang für den betreffenden Veranlagungszeitraum ohne Bedeutung, könnte er auch nach dem Zeitpunkt der Bilanzerstellung noch „rückgängig" gemacht werden).

Der „klare Nachweis" des Irrtums über die steuerlichen Folgen, den die bisherige Ausnahmerechtsprechung forderte[297], ist eine allgemeine Voraussetzung des Verfahrensrechts und hat mit den materiellen Voraussetzungen von Treu und Glauben nichts zu tun. Daß Manipulationen ausgeschlossen sein müssen, ist ebenfalls ein allgemeines Erfordernis: Der Steuerpflichtige kann sich nicht auf eine günstige Rechtsfolge be-

[292] s. o. 3. Kap. B II 3 c aa.

[293] s. o. 3. Kap. B II 1 d aa.

[294] s. o. 3. Kap. B II 3 b.

[295] BFH BStBl. 1952 III, S. 85 (87); *Hübschmann / Hepp / Spitaler (Spanner)*, § 4 Anm. 208; *Kurz*, StuW 1979, S. 243 (248); *Soergel / Siebert (Siebert / Knopp)* (Bd. 2), § 242 Rdnr. 91 m. w. N.; *Sudau / Lammerding / Brauel (Sudau)*, S. 69; *Tipke / Kruse*, § 4 Tz. 49; *Woltmann*, S. 25, 31.

[296] s. o. 3. Kap. B II 3 b.

[297] s. o. 3. Kap. B II 4 b.

rufen, wenn er sein Recht unzulässigerweise geltend macht; dann steht die Verwirkung[298] entgegen.

Beruft sich der Steuerpflichtige auf Treu und Glauben, und kann er die entsprechenden Voraussetzungen auch beweisen, kann die Finanzverwaltung darin einen sachlichen Billigkeitsgrund sehen und dem Vorgang einen verminderten oder überhaupt keinen Steuererfolg beimessen.

Es ist aber festzuhalten, daß diese Fallgruppe nicht zum Anwendungsbereich des § 175 Abs. 1 Satz 1 Nr. 2 AO gehört.

5. *Beseitigung der Folgewirkungen von Bilanzberichtigungen und Bilanzänderungen*

a) Bilanzberichtigung

Der Gewinn, der sich aus der Steuerbilanz ergibt, ist ein wesentlicher Bestandteil der Bemessungsgrundlage der Einkommen- und der Körperschaftsteuer. Der steuerpflichtige Gewinn wird im Steuerbescheid übernommen. Als Mittel zur Feststellung der Besteuerungsgrundlage ist die Bilanz unselbständiger Teil des Steuerbescheides (§ 157 Abs. 2 AO). Wird der Steuerbescheid materiell bestandskräftig, könen auch seine Grundlagen nicht mehr geändert werden. Daher kann eine Bilanz nach Eintritt der Bestandskraft grundsätzlich nicht mehr nach § 4 Abs. 2 EStG berichtigt oder geändert werden[299].

Die Jahresabschlußbilanz eines Wirtschaftsjahres muß ziffernmäßig mit der Eröffnungsbilanz des Folgejahres übereinstimmen; das ergibt sich aus § 4 Abs. 1 EStG, der das Prinzip der Bilanzidentität[300] enthält. Da somit jede Bilanz für zwei Veranlagungszeiträume maßgeblich ist — das ist die sog. Zweischneidigkeit der Bilanz —, kann auch die Anfangsbilanz des Folgejahres nicht mehr geändert werden, wenn das Vorjahr bestandskräftig veranlagt wurde.

Eine Berichtigung der fehlerhaften Vorjahresbilanz kann demnach nur erfolgen, wenn

— die fehlerhafte Bilanz noch nicht zu einer Veranlagung herangezogen wurde oder

— die Steuerfestsetzung noch nicht bestandskräftig ist (z. B. bei Festsetzungen nach den §§ 164, 165 AO) oder aber

— wenn die Bestandskraft des Steuerbescheides nach den §§ 172 ff. AO durchbrochen werden kann[301].

---

[298] *Blencke*, NWB F. 2, S. 3467 (3470).

[299] *Falterbaum*, S. 351; *Martens*, StuW 1972, S. 193 (197).

[300] BFH BStBl. 1962 III, S. 273 (LS, 275); 1966 III, S. 142 (143); 1968 II, S. 583.

Von den besonderen Korrekturvorschriften der §§ 172 ff. AO erlangt in erster Linie § 173 AO Bedeutung[302]. § 175 Abs. 1 Satz 1 Nr. 2 AO kann nicht angewendet werden, wenn die Grundsätze ordnungsmäßiger Buchführung gelten[303]. Somit können Sachverhaltsänderungen, die bürgerlich-rechtlich zurückwirken, steuerlich erst in einem Folgejahr berücksichtigt werden[304]. Über § 173 AO beispielsweise kann die Bilanz eines Veranlagungszeitraumes berichtigt werden, dem bereits bestandskräftig veranlagte Wirtschaftsjahre folgen. Aus Gründen der Bilanzidentität müssen dann auch die Bilanzen der bestandskräftigen Veranlagungszeiträume berichtigt werden.

Umstritten war und ist, nach welcher Vorschrift diese Folgewirkungen einer Bilanzberichtigung beseitigt werden können. Vor dem Inkrafttreten der AO standen die §§ 222 RAO und 4 Abs. 3 Ziff. 2 StAnpG zur Diskussion.

Einigkeit bestand lediglich darüber, daß im Interesse einer klaren Abgrenzung zwischen beiden Vorschriften eine „neue Tatsache" i. S. des § 222 RAO nicht auch unter das „Merkmal" des § 4 Abs. 3 Ziff. 2 StAnpG soll subsumiert werden können[305].

Der Meinungsstreit drehte sich um die Frage, ob mit der „neuen Tatsache" auch gleichzeitig deren zwingende Folgewirkungen erfaßt werden oder ob nur selbständige neue Tatsachen die Korrektur nach § 222 RAO auslösen könnten. In letzterem Fall mußten die Folgewirkungen nach § 4 Abs. 3 Ziff. 2 StAnpG beseitigt werden.

Die Ausgangssituation bei den Nachfolgevorschriften, den §§ 173 und 175 Abs. 1 Satz 1 Nr. 2 AO, ist die gleiche: Beide Normen schließen sich gegenseitig aus[306]; denn einmal können eingetretene Tatsachen keine Wirkungen für den Zeitraum vor ihrem Eintritt entfalten, zum anderen setzt § 175 AO den nachträglichen Eintritt des Ereignisses voraus, wogegen die Tatsache nach § 173 AO zwar schon eingetreten sein muß, jedoch den Behörden im Zeitpunkt der Steuerfestsetzung noch nicht bekannt gewesen sein darf. Somit stellt sich die Frage, über welche Vorschrift der AO die Folgewirkungen einer Bilanzberichtigung beseitigt werden können.

301 BFH BStBl. 1962 III, S. 273 (275); BFH BStBl. 1966 III, S. 142 (143).

302 In vielen Entscheidungen des BFH ermöglichte die Vorgänger-Vorschrift des § 222 Abs. 1 Nr. 1, 2 RAO die Berichtigungen; vgl. u. a. BFH BStBl. 1960 III, S. 444; 1962 III, S. 501; 1965 III, S. 179 (181).

303 s. o. 2. Kap. G (2).

304 BFH BStBl. 1960 III, S. 465; 1968 II, S. 93; 1969 II, S. 432 (433); 1971 II, S. 375 (379); 1973 II, S. 593 (594).

305 BFH BStBl. 1965 III, S. 391; 1969 II, S. 681 (682); FG Berlin EFG 1968, S. 69 (70); *Paulick*, Der Steuerberater 1959, S. 124 (127).

306 *Lauer*, Inf. 1979, S. 511 (515); *Paulick*, Allg. Steuerrecht, Rdnr. 998; *Woerner / Grube*, S. 102.

Für die Anwendbarkeit des § 173 Abs. 1 AO auf Folgewirkung könnte sprechen, daß sich die nachträglich bekannt gewordene Tatsache infolge des Grundsatzes der Zweischneidigkeit der Bilanz zwangsweise auf bestandskräftig veranlagte Folgejahre auswirkt, so daß die Korrektur einheitlich nach § 173 Abs. 1 AO — früher nach § 222 RAO — vorgenommen werden könnte[307].

Wenn gegen diese Argumentation eingewendet wird, es müsse sich bei § 222 RAO und § 173 AO um selbständige Tatsachen handeln[308], so wird übersehen, daß keine der beiden Vorschriften zwischen abhängigen und unabhängigen, selbständigen und unselbständigen Tatsachen unterscheidet[309].

Die Berichtigung der Vorjahresbilanz beeinflußt in den Folgejahren nur den Wert des Betriebsvermögens und damit die Höhe des Gewinns. Der Wert des Betriebsvermögens ermittelt sich aus den Werten der in die Bilanz eingestellten Posten. Die Einzelposten sind Tatsachen, nicht dagegen ihr Wert; dieser ist eine Schlußfolgerung aus den wertbegründenden Tatsachen[310]. Schlußfolgerungen sind aber keine Geschehnisse und somit keine Tatsachen[311]. Da die Folgewirkungen somit nicht unter den Begriff „Tatsachen" fallen, kann auch § 173 AO zur Korrektur der Folgewirkungen nicht herangezogen werden.

Darüber hinaus würde auch der Zweck des § 173 AO nicht auf die Fälle der Beseitigung von Folgewirkungen zutreffen. § 173 AO will die Besteuerung nach dem Sachverhalt vornehmen, der im Zeitpunkt der Veranlagung vorlag, dem Finanzamt allerdings nicht bekannt war. Bei der hier behandelten Fallgruppe war der Sachverhalt zur Zeit der Veranlagung vollständig und richtig ermittelt; nachträglich trat eine Veränderung ein, die eine Anpassung der Steuerbescheide und ihrer Grundlagen erfordert. Das ist genau der Zweck des § 175 Abs. 1 Satz 1 Nr. 2 AO.

Auch § 174 AO findet keine Anwendung. Abgesehen davon, daß § 174 AO zu § 175 Abs. 1 Satz 1 Nr. 2 AO im Verhältnis der Subsidiarität steht[312], ist keiner seiner Tatbestände erfüllt. Denn wider-

---

[307] BFH BStBl. 1951 III, S. 10 (LS); 1961 III, S. 574 (LS, 575); *Hippe*, Die Änderung und Berichtigung von Steuerbescheiden, S. 182; *Krollmann*, BB 1958, S. 514 (515); *Mittelbach*, Steuererstattungen, S. 168 und Inf. 1958, S. 134.

[308] BFH BStBl. 1962 III, S. 501 (501); *Theis*, DB 1958, S. 692 (693); *Woerner / Grube*, S. 75.

[309] FG Nürnberg EFG 1960, S. 282; *Paulick*, Der Steuerberater 1959, S. 124 (128).

[310] BFH BStBl. 1964 III, S. 145 (146); 1970 II, S. 296 (LS, 298); *Kühn / Kutter*, § 173 Anm. 2 a; *Tipke / Kruse*, § 173 Tz. 6; Vogel, Die Berichtigungsveranlagung, S. 22; *Woerner / Grube*, S. 74.

[311] *Domann*, BB 1979, S. 516 (516); *Woerner / Grube*, S. 74.

[312] *Woerner / Grube*, S. 95.

streitende Steuerfestsetzungen können nur bejaht werden, wenn mehreren Bescheiden der gleiche Sachverhalt zugrunde liegt und die abgeleiteten Rechtsfolgen sich logischerweise gegenseitig ausschließen[313]. Hier liegen aber verschiedene Sachverhalte vor, weil einer fehlerhaft ermittelt oder beurteilt wurde, der andere — das Betriebsvermögen des Folgejahres — dagegen nicht.

Somit ist die Änderung des Betriebsvermögens der Folgejahre unter das „Ereignis mit steuerlicher Wirkung für die Vergangenheit" zu subsumieren, und zwar unabhängig davon, ob sich der Gewinn mindert[314] oder erhöht[315]. Die Korrektur ist notwendig, da anderenfalls der Grundsatz des Bilanzzusammenhanges durchbrochen werden würde[316].

Die Folgewirkungen von Bilanzberichtigungen in bestandskräftig veranlagten Wirtschaftsjahren sind somit nach § 175 Abs. 1 Satz 1 Nr. 2 AO herbeizuführen[317].

b) Bilanzänderung

In den Fällen, in denen ein handels- und steuerrechtlich zulässiger Bilanzansatz durch einen anderen gleichfalls zulässigen Ansatz ersetzt wird (Bilanzänderung)[318], kann sich das Betriebsvermögen ebenfalls ändern. Denn die Bilanzänderung bezieht sich auf den Wertansatz der zum Betriebsvermögen gehörenden Gegenstände[319].

Ändert sich die Bilanzsumme eines Veranlagungszeitraumes, dem bestandskräftige Veranlagungen folgen, so erfordert wiederum der

---

313 *Hübschmann / Hepp / Spitaler (v. Wallis)*, § 174 Anm. 1; *Kühn / Kutter*, § 174 Anm. 1; *Tipke / Kruse*, § 174 Tz. 2.

314 BFH StRK § 222 RAO R. 266 c (v. 23. 11. 1965).

315 BFH BStBl. 1962 III, S. 501 (LS 3); 1968 II, S. 583 (LS, 584).

316 *Littmann*, §§ 4, 5 EStG Rdnr. 186.

317 So schon zu § 4 Abs. 3 Ziff. 2 StAnpG: BVerfG HFR 1975, S. 82 (LS 3); BFH BStBl. 1952 III, S. 144 (146 a. E.); 1953 III, S. 69; 1958 III, S. 130 (LS); 1960 III, S. 444 (LS 2, 446 a. E.); 1962 III, S. 501 (LS 3); 1963 III, S. 100 (103); BFH HFR 1964, S. 11 (LS, 12); BStBl. 1965 III, S. 179 (181); BFH HFR 1966, S. 33; BStBl. 1968 II, S. 583 (583); StRK § 222 AO R. 266 c; StRK § 4 StAnpG R. 19, R. 31; RFH RStBl. 1931, S. 908 (909) zu § 225 RAO 1931; OFH München FR 1950, S. 71 (71 u.) v. 19. 11. 1949 mit Anm. v. Hoffmann; FG Hamburg EFG 1958, S. 406; FG Nürnberg EFG 1960, S. 282 (LS); *Becker / Riewald / Koch*, § 4 StAnpG Anm. 4 (4); *Blümich / Falk*, § 4 EStG, S. 41; — *el.* —, DB 1969, S. 462 (463); *Fichtelmann*, NWB F. 17 a, S. 727 (732); *Greiner*, S. 85; *Herrmann / Heuer / Raupach*, § 4 EStG Anm. 77 c (a. E.), 81; *Lange*, DStZ 1940, S. 349 (351); *Littmann*, §§ 4, 5 Rdnr. 186; *Martens*, StuW 1972, S. 193 (194); *Tipke / Kruse* (7. Aufl.), § 4 StAnpG A. 4 e und (10. Aufl.), § 175 Tz. 12; OFD Stuttgart, Karlsruhe BB 1958, S. 474; OFD Münster, Vfg. v. 10. 3. 1964 — S. 1206 — 4 — St 31 — 34, BB 1964, S. 500; *Thiel*, BB 1963, S. 443 (446) hält eine nur analoge Anwendung für möglich.

318 RFH RStBl. 1938, S. 132; BFH BStBl. 1953 III, S. 359 (360 u.); 1954 III, S. 36 (LS 2); 1976 II, S. 88 (93); BFH BB 1981, S. 1500.

319 BFH BStBl. 1954 III, S. 4; BFH BB 1981, S. 1500.

Grundsatz der Bilanzidentität, daß die Betriebsvermögenswerte der nachfolgenden Bilanzen der Vorjahresbilanz angepaßt werden. Die Ausführungen zu a) gelten also bei Bilanzänderungen entsprechend. Auch deren Folgewirkungen können über § 175 Abs. 1 Satz 1 Nr. 2 AO beseitigt werden[320].

c) Urteil als Grundlage

Außer durch Bilanzberichtigung und Bilanzänderung kann sich auch ein finanzgerichtliches Urteil auf das Betriebsvermögen auswirken. Stellt beispielsweise ein Finanzgericht fest, daß ein Grundstück — entgegen dem Vorbringen des Steuerpflichtigen — während eines Veranlagungszeitraumes doch nicht dem Betriebsvermögen entnommen wurde[321], so erhöht sich das Betriebsvermögen des betreffenden Jahres. Folgen bestandskräftige Veranlagungen, so müssen die betreffenden Anfangs- und Schlußbilanzen wegen des Grundsatzes der Bilanzidentität angepaßt werden. Die Tatsache, daß ein Urteil die Voraussetzung für die Anpassung nachfolgender Bilanzen schafft, kann keine unterschiedliche Behandlung gegenüber den Fällen rechtfertigen, in denen sich das Betriebsvermögen aufgrund einer Bilanzberichtigung oder -änderung verändert. Auch hier ist demnach § 175 Abs. 1 Satz 1 Nr. 2 AO anwendbar[322].

III. Fallgruppen aus dem öffentlichen Recht

1. *Änderungen der Rechtslage*

a) Allgemeines

Wie bereits erwähnt[323], wurde zu § 4 Abs. 3 Ziff. 2 StAnpG überwiegend die Auffassung vertreten, daß nur das konkrete Sachverhaltsmerkmal ein „Merkmal" im Sinne der Vorschrift sei. Abstrakte Tatbestandsmerkmale waren demnach nicht unter diese Vorschrift zu subsumieren. Daher konnten rückwirkende Gesetzesänderungen[324] und Nichtigerklärungen steuerrechtlicher Normen wegen Verfassungswidrigkeit[325] keine Korrektur nach § 4 Abs. 3 Ziff. 2 StAnpG auslösen.

---

320 BFH BStBl. 1968 II, S. 583 (584); BFH BStBl. 1976 II, S. 88 (93).

321 BFH BStBl. 1968 II, S. 583 (584).

322 Zu § 4 Abs. 3 Ziff. 2 StAnpG: BFH HFR 1964, S. 11; BFH BStBl. 1968 II, S. 583 (584).

323 s. o. 3. Kap. A I.

324 BFH BStBl. 1954 III, S. 360 (362); 1958 III, S. 222; 1964 III, S. 308 (310); 1964 III, S. 657 (658); 1965 III, S. 196 (197).

325 BFH BStBl. 1964 III, S. 657 (658); 1965 III, S. 196 (LS, 197); FG Düsseldorf EFG 1964, S. 120; FG Hamburg EFG 1963, S. 130; FG Hannover EFG 1963, S. 514; FG Münster EFG 1964, S. 135.

b) Rückwirkende Gesetzesänderungen

§ 175 Abs. 1 Satz 1 Nr. 2 AO läßt nicht erkennen, ob die Änderung eines Gesetzes mit rückwirkender Kraft ein „rückwirkendes Ereignis" sein kann.

Legt man die Vorschrift allein von ihrem Wortlaut her aus, so können Steuerbescheide durchaus aufgrund rückwirkender Gesetzesänderungen korrigiert werden[326]. Fraglich ist, ob diese Auffassung dem Sinn der Korrekturvorschrift entspricht, zumal zur Verläufernorm die entgegengesetzte Meinung vertreten wurde.

Da sich der Gesetzgeber in den Materialien nicht ausdrücklich äußert[327], stellt sich die Frage nach der Vereinbarkeit dieser Ansicht mit dem Sinn und dem Zweck der Vorschrift, wobei auch historische Aspekte zu berücksichtigen sind[328].

Anhaltspunkte bieten die §§ 214 Abs. 2 RAO 1919, 225 Abs. 2 RAO 1931 und die oben wiedergegebene zu § 4 Abs. 3 Ziff. 2 StAnpG vertretene Meinung. Die RAO-Vorschriften knüpften die Korrektur an den „Wegfall eines Tatbestandsmerkmales". Hierfür enthielten sie Beispiele wie die Anfechtung einer letztwilligen Verfügung oder einer Erbschaftsannahme. Da die Absätze 1 und 2 der §§ 214 RAO 1919 und 225 RAO 1931 jeweils zusammengehörten, konnten auch die Bedingung, die Befristung und „sonstige ungewisse Verhältnisse" als Tatbestandsmerkmale angesehen werden. Daraus ließ sich für § 4 Abs. 3 Ziff. 2 StAnpG, der in Verbindung mit § 4 Abs. 2 StAnpG zu sehen war, herleiten[329], daß nur konkrete Sachverhaltsmerkmale die Änderung der Steuerfestsetzung ermöglichen sollten.

§ 175 Abs. 1 Satz 1 Nr. 2 AO soll nun nach der amtlichen Begründung zur AO[330] die Grundsätze des § 4 Abs. 2, Abs. 3 StAnpG „verallgemeinern". Damit muß nicht eine Ausweitung des Anwendungsbereiches auf abstrakte Tatbestandsmerkmale einhergehen. Die vom Gesetzgeber beabsichtigte „Verallgemeinerung" liegt vielmehr darin, die Regelungen der §§ 4 Abs. 2, 3; 5 Abs. 5 StAnpG in einer allgemeinen Vorschrift zusammenzufassen.

Nach der gesetzgeberischen Begründung soll die Nichtigkeitserklärung eines Gesetzes durch das Bundesverfassungsgericht keine Korrek-

[326] So *Kühn / Kutter*, § 175 Anm. 3 e; *Woerner / Grube*, S. 106.

[327] BT-Drucksache VI 1982, S. 155; Finanzausschuß: *Mittelsteiner / Schaumburg*, § 175 S. 232.

[328] FG Düsseldorf EFG 1964, S. 120; *Tipke*, Steuerrecht, S. 83.

[329] BFH BStBl. 1964 III, S. 308 (309); FG Düsseldorf EFG 1964, S. 120 (121); *Beker*, S. 13 f.

[330] BT-Drucksache VI 1982, S. 155; auch § 4 StAnpG stellte lt. Begründung eine Erweiterung des § 225 Abs. 2 RAO dar — RStBl. 1934, S. 1398 (1399).

tur nach § 175 Abs. 1 Satz 1 Nr. 2 AO auslösen[331]; dies indiziert, daß abstrakte Tatbestandsmerkmale aus dem Anwendungsbereich der Vorschrift ausscheiden. Außerdem liegt es in der Kompetenz des Gesetzgebers, zu entscheiden, ob rückwirkende Gesetzesänderungen zu einer Korrektur bestandskräftiger Steuerbescheide führen sollen[332]. Er allein bestimmt, ob und inwieweit das neue Recht ändernd in abgewickelte, der Vergangenheit angehörende Tatbestände eingreift oder ob es nur gegenwärtige, noch nicht abgeschlossene Sachverhalte erfaßt[333]. Die erstgenannte — echte — Rückwirkung ist dem Gesetzgeber sogar nur ausnahmsweise erlaubt, wenn die frühere Rechtslage unklar und verworren war, wenn Gründe des Gemeinwohles die Rückwirkung erfordern, bei nichtigen Normen und wenn der einzelne mit der neuen Regelung rechnen mußte[334].

Schließlich spricht ein weiteres Argument gegen die Anwendbarkeit des § 175 Abs. 1 Satz 1 Nr. 2 AO: Infolge der rückwirkenden Gesetzesänderung ändert sich der besteuerte Sachverhalt nicht. Es handelt sich um eine Fiktion[335]. Da § 175 Abs. 1 Satz 1 Nr. 2 AO eine Anpassung der Steuerfolgen an Sachverhaltsänderungen bezweckt, muß die Anwendbarkeit des § 175 Abs. 1 Satz 1 Nr. 2 AO in diesen Fällen grundsätzlich verneint werden.

Aus diesen Gründen ist an der bisherigen[336] engen Auslegung festzuhalten. § 175 Abs. 1 Satz 1 Nr. 2 AO findet grundsätzlich keine Anwendung, wenn sich die Rechtslage rückwirkend ändert[337].

Etwas anderes gilt allerdings dann, wenn das Gesetz selbst eine ausdrückliche Bestimmung enthält, nach der die rückwirkende Gesetzesänderung auch steuerlich in die Vergangenheit wirken soll[338]. So sieht § 53 Abs. 1 Satz 3 EStG die steuerliche Rückwirkung einer Gesetzesänderung vor (die Vorschrift regelt aber gleichzeitig auch die verfahrensrechtliche Seite).

Enthält das rückwirkende Gesetz keine ausdrückliche Regelung der steuerlichen Rückwirkung, sollte es bei dem oben aufgestellten Grundsatz bleiben. Zuweilen wurde die Korrektur eines Steuerbescheides auf-

---

331 BT-Drucksache VI 4294, S. 34.

332 BFH BStBl. 1964 III, S. 308 (309); *Becker / Riewald / Koch*, § 4 StAnpG Anm. 2 (7); *Thiel*, BB 1963, S. 443 (446); *Winterberg*, DB 1962, S. 587.

333 BVerfGE 13, S. 261 (LS, 271).

334 BVerfGE 13, S. 261; *Peter*, NWB F. 2, S. 2257.

335 BFH BStBl. 1952 III, S. 25 (26 o.); 1958 III, S. 222.

336 *Becker / Riewald / Koch*, § 4 StAnpG Anm. 2 (7); *Beker*, S. 14; *Maaßen*, FR 1961, S. 126 (127); *Thiel*, BB 1963, S. 443 (444).

337 *Hübschmann / Hepp / Spitaler (v. Wallis)*, § 175 Anm. 25; wohl *Tipke / Kruse*, § 175 Tz. 16.

338 *Judeich / Felix*, § 4 StAnpG Tz. 13.

grund eines rückwirkenden Gesetzes mit der Begründung abgelehnt, das Gesetz sehe nach seinem Sinn und Zweck eine Steuererstattung nicht vor[339]. Für die Anwendbarkeit einer Korrekturnorm wäre dann aber eine ungewisse Auslegung entscheidend. Eine unter Umständen aufkommende Rechtsunsicherheit wäre die Folge.

c) Nichtigerklärung einer Norm durch das Bundesverfassungsgericht

Wie soeben erwähnt, sollen nach dem Willen des Gesetzgebers die Fälle, in denen das Bundesverfassungsgericht eine Norm für nichtig erklärt, nicht zu einer Korrektur nach § 175 Abs. 1 Satz 1 Nr. 2 AO führen[340]. Folgt man der Auffassung, nach der ein Wegfall abstrakter Tatbestandsmerkmale grundsätzlich kein Ereignis i. S. des § 175 Abs. 1 Satz 1 Nr. 2 AO ist, sind diese Voraussetzungen der Vorschrift bereits nicht erfüllt[341].

Aber selbst wenn die restriktive Auslegung des „Ereignisses" abgelehnt wird, ist es fraglich, ob diese Fallgruppe von § 175 Abs. 1 Satz 1 Nr. 2 AO erfaßt wird. Erklärt nämlich das Bundesverfassungsgericht eine Norm für nichtig, wirkt die Entscheidung — alle Normenkontroll-Entscheidungen[342] erlangen nach § 31 Abs. 2 Satz 1, 2 BVerfGG Gesetzeskraft — ex tunc[343]. Hierbei handelt es sich aber nicht um konstitutive Entscheidungen, sondern um echte Feststellungsurteile[344], die lediglich den Rechtszustand klarstellen, der von Anfang an bestand. Da eine nichtige Norm von Anfang an keine Wirkungen entfaltet[345], fehlt es an einem rückwirkenden Ereignis.

Entsprechend den Fällen der Nichtigkeit eines Rechtsgeschäftes wäre allenfalls § 173 AO anwendbar, wenn die Finanzbehörde nach Erlaß des ursprünglichen Bescheides Kenntnis von der Nichtigkeit eines Steuergesetzes erlangt. § 175 Abs. 1 Satz 1 Nr. 2 AO könnte nur dann zu einer Korrektur führen, wenn die Steuerpflichtigen die wirtschaftlichen

---

339 So BFH BStBl. 1954 III, S. 360 (362); kritisch dazu BFH BStBl. 1961 III, S. 77 (78); *Tipke / Kruse*, § 175 Tz. 11.

340 BT-Drucksache VI 4294, S. 34.

341 BFH BStBl. 1964 III, S. 657 (LS, 650).

342 Abstrakte — (§ 13 Ziff. 6 BVerfGG). konkrete — (§ 13 Ziff. 11 BVerfGG), bei Überprüfung von Völkerrecht (§ 13 Ziff. 11 BVerfGG), bei Meinungsverschiedenheiten über das Fortgelten von Recht als Bundesrecht (§ 13 Ziff. 14 BVerfGG) und bei Verfassungsbeschwerden (§ 13 Ziff. 8 a BVerfGG).

343 *Hesse*, 11. Aufl., S. 270; *Stern*, S. 86.

344 BVerfGE 1, S. 14 (37); 7, S. 11 (19); 8, S. 51 (71); Bonner Kommentar zum Grundgesetz *(Stern)*, Art. 100 Rdnr. 141; *Burmeister*, S. 67, Anm. 247 m. w. N.; *Oswald*, FR 1962, S. 196 (196).

345 BFH BStBl. 1960 III, S. 209; FG Hannover EFG 1963, S. 514 (515); FG Kassel EFG 1964, S. 547 (548); *Hesse*, 11. Aufl., S. 270 (§ 19 II 3); *Stern*, S. 86.

Folgen beseitigen, die ihnen infolge der Anwendung der für nichtig erklärten Norm erwachsen sind. In den meisten Fällen könnten die wirtschaftlichen Ergebnisse gerade nur von den Finanzbehörden beseitigt werden; so hat der Steuerpflichtige keinen Einfluß darauf, Steuerfolgen zu beseitigen, wenn z. B. nun feststeht, daß alleinerziehende Elternteile nicht mehr schlechter gestellt werden dürfen als Ehepaare, die den Vorteil des Ehegatten-Splittings in Anspruch nehmen können[346].

Gegen eine Korrektur bestandskräftiger Veranlagungen — gleichgültig, ob nach § 175 Abs. 1 Satz 1 Nr. 2 AO oder nach § 173 AO — könnte § 79 Abs. 2 BVerfGG sprechen: Die Vorschrift enthält den Rechtsgedanken, daß die unanfechtbaren fehlerhaften Akte der öffentlichen Gewalt nicht rückwirkend aufgehoben werden sollen; daher sollen ihre in der Vergangenheit liegenden nachteiligen Wirkungen auch nicht aufgehoben werden — für die Zukunft allerdings dürfen Folgen verfassungswidriger Akte nicht mehr zwangsweise durchgesetzt werden[347]. Obwohl dieser Grundsatz durch besondere gesetzliche Regelungen durchbrochen werden kann, können die Korrekturvorschriften jedoch nicht als solche Ausnahmevorschriften angesehen werden[348], da sonst der grundsätzliche Ausschluß der Korrektur für weite Bereiche des öffentlichen Rechts und des Steuerrechts wieder hinfällig wäre. § 79 Abs. 2 BVerfGG betrifft auch gerade das öffentliche Recht im weiteren Sinne — also auch das Steuerrecht —, nicht dagegen besondere Rechtszweige[349]. So hat der Gesetzgeber z. B. in § 79 Abs. 1 BVerfGG ausgesprochen, daß das Rückwirkungsverbot des Abs. 2 für das Strafrecht nicht gelten solle. Eine entsprechende Ausnahme für das Steuerrecht hätte einer ähnlichen Regelung in § 79 BVerfGG bedurft. Somit bleibt es beim grundsätzlichen Rückwirkungsverbot.

Schließlich spricht ein weiterer, vom BFH[350] angeführter Grund dagegen, den Wegfall eines gesetzlichen Tatbestandsmerkmales als Ereig-

---

[346] BVerfG NJW 1983, S. 271 ff.

[347] BVerfGE 20, S. 230 (236). Die Regelung des § 79 Abs. 2 BVerfGG, die das Interesse der Rechtssicherheit und des Rechtsfriedens wegen der unübersehbaren Folgen im Rechtsverkehr höher bewertet als die Einzelfallgerechtigkeit, wurde vom Verfassungsgericht für verfassungsmäßig erklärt; BVerfGE 2, S. 380 (405); 7, S. 194 (195 f.); 11, S. 263 (265); 20, S. 230 (236); 32, S. 387 (390).

[348] Diese Frage wurde im Zusammenhang mit § 4 Abs. 3 Ziff. 2 StAnpG diskutiert; vgl. *Felix*, GmbHR 1962, S. 129; *Gail*, BB 1963, S. 265 (266); *Randebrock*, DB 1962, S. 455, DB 1962, S. 1318 (1320) und BB 1963, S. 1464 (1465); *Roos*, GmbHR 1962, S. 235 (236) und FR 1964, S. 9 (13).

[349] BVerfG HFR 1963, S. 159; BFH BStBl. 1964 III, S. 657; FG Kassel EFG 1964, S. 547 (548); FG München EFG 1965, S. 73; FG Stuttgart EFG 1963, S. 136; *Götz*, NJW 1959, S. 1809 (1811 a. E.) zum bürgerlichen Recht; *Wolf*, § 175.

[350] BFH BStBl. 1965 III, S. 196 (LS, 197).

nis i. S. des § 175 Abs. 1 Satz 1 Nr. 2 AO anzusehen: Steuervergünstigungen müßten nachträglich aufgehoben werden, wenn sie die Folge der für nichtig erklärten Norm waren. Dadurch würde die Rechtsposition des Bürgers rückwirkend verschlechtert, was mit dem Prinzip der Rechtssicherheit nicht vereinbar wäre[351].

Demnach gehören die Fälle, in denen das Bundesverfassungsgericht die Nichtigkeit eines Gesetzes feststellt, nicht zum Anwendungsbereich des § 175 Abs. 1 Satz 1 Nr. 2 AO. Im Vergleich zur früheren Rechtslage besteht kein Unterschied[352].

d) Änderung der Rechtsprechung

Eine Änderung der höchstrichterlichen Rechtsprechung kann ebenfalls keine Korrektur nach § 175 Abs. 1 Satz 1 Nr. 2 AO auslösen[353].

Zum einen berührt eine Rechtsprechungsänderung nicht den besteuerten abgeschlossenen Sachverhalt[354] — dieser bleibt vielmehr gleich und wird lediglich anders gewürdigt —, zum anderen kann sich eine geänderte Rechtsprechung nur auf künftige Entscheidungen gleichgelagerter Fälle auswirken. Es fehlt an einem rückwirkenden Ereignis. Darüber hinaus würde die rückwirkende Anwendung einer geänderten Rechtsprechung dem Gebot der Gleichbehandlung der Steuerpflichtigen[355] und dem Grundsatz der Rechtssicherheit widersprechen.

2. *Steuerbedingungen*

Nach dem gesetzgeberischen Willen soll § 175 Abs. 1 Satz 1 Nr. 2 AO die bisherigen Regelungen des § 4 Abs. 2 und Abs. 3 StAnpG zusammenfassen[356]. Dann müßten auch die Fälle zu seinem Anwendungsbereich

---

351 BVerfGE 13, S. 261 (271). Gerade diesen Fall regelt § 176 Abs. 1 Nr. 1 AO.

352 Zu § 175 AO: *Hübschmann / Hepp / Spitaler (v. Wallis)*, § 175 Anm. 25 a. E.; *Kühn / Kutter*, § 175 Anm. 30; *Paulick*, Steuerrecht, Rdnr. 1030; *Thiel / Steinwachs*, S. 79; *Tipke / Kruse*, § 175 Tz. 16. Zu § 4 StAnpG: *Beker*, S. 14; *Hippe*, FR 1962, S. 199 (204); *Merkel*, StuW 1963, Sp. 435 (444 u.); *Mittelbach*, Steuererstattungen, S. 172; *Thiel*, BB 1963, S. 443 (444).

353 BFH BStBl. 1965 III, S. 391 — allgemein zu einer später geänderten Würdigung eines vergleichbaren Sachverhaltes —; BFH UStR 1970, S. 52 (52); *Gierschmann*, FR 1955, S. 469 (469); *Judeich*, WPg 1958, S. 514 (517); *Judeich / Felix*, § 4 StAnpG Tz. 14; *Tipke / Kruse* (7. Aufl.), § 4 StAnpG A. 4 b. In der Literatur wird teilweise das Urteil RFH RStBl. 1940, S. 925 im Zusammenhang mit einer Änderung der Rechtsprechung gesehen; da die Anwendbarkeit des § 4 Abs. 3 Nr. 2 StAnpG bejaht wurde, wird das Urteil demnach für falsch gehalten. Dies ist insoweit unrichtig, als das Urteil nicht einen gleichgebliebenen Sachverhalt anders beurteilt, sondern einen Sachverhalt erst feststellt und somit erst eine Grundlage für die Besteuerung schafft.

354 BVerwG BStBl. 1975 II, S. 317 (319).

355 BFH Bd. 75, S. 366 (LS, 375); Bd. 89, S. 447 (460); Bd. 90, S. 67 (LS, 69); *Bischoff*, S. 11 f.

356 BT-Drucksache VI 1982, S. 155.

gehören, in denen eine Steuerschuld, eine Steuerbefreiung, eine Steuerermäßigung oder eine sonstige Steuervergünstigung mit dem Eintritt einer Bedingung wegfällt (§ 4 Abs. 2 Satz 1 StAnpG).

a) Allgemeine Ausführungen zu den Steuerbedingungen

Gemäß § 38 AO entstehen die Ansprüche aus dem Steuerschuldverhältnis — u. a. auch die Vergütungsansprüche (§ 37 Abs. 1 AO) — mit der Verwirklichung (aller) Tatbestandsmerkmale. Oft aber werden einzelne Tatbestandsmerkmale erst zu einem späteren Zeitpunkt verwirklicht. So stellt sich beispielsweise erst nach einer bestimmten Zeit heraus, ob Veräußerungsgewinne als Einkünfte aus Spekulationsgeschäften besteuert werden (§ 22 Nr. 2 i. V. m. § 23 EStG). Im Gegensatz zu diesem Beispiel wird es der Finanzverwaltung in anderen Fällen ermöglicht, den Steueranspruch bereits geltend zu machen, bevor das letzte Tatbestandsmerkmal verwirklicht wird. Eine solche Regelung enthält u. a.[357] § 16 Abs. 2 Nr. 1 GrEStG 1983, wonach eine erhobene Steuer erstattet wird, wenn der Erwerbsvorgang innerhalb von zwei Jahren nach Entstehung der Steuerschuld rückgängig gemacht wird. Die Steuerschuld steht also unter der auflösenden Bedingung etwaiger späterer Veränderungen. Ein anderes Beispiel: Verbrauchsteueransprüche entstehen mit dem tatsächlichen Übergang der belasteten Ware in den freien Verkehr oder mit ihrem Verbrauch im Betrieb[358]; sie stehen unter der auflösenden Bedingung einer besonderen Zweckbestimmung, die zu einer Steuervergünstigung führt[359]. Tritt die Bedingung ein, erlischt die Steuer ganz oder teilweise (§ 50 Abs. 1 AO).

Diese Beispiele zeigen, daß eine Steuerbedingung zwar nicht für die Entstehung eines Anspruchs aus dem Steuerschuldverhältnis entscheidend ist, wohl aber für seinen endgültigen Bestand. Steuerbedingungen können demnach als Umstände definiert werden, die sich aus den Steuergesetzen ergeben und von denen das Gesetz den endgültigen Bestand des entstandenen Steueranspruchs abhängig macht[360]. Da sich die Steuerbedingung aus dem Gesetz ergeben muß[361], scheiden rechtsge-

[357] Ähnliche Regelungen sehen die §§ 11 WechselStG, 9 VersicherungStG (Herabsetzen der Versicherungssumme oder Rückzahlung des Versicherungsentgeltes), 7 FeuerschutzStG, 17 UStG 1980 (Änderungen des Entgelts als Bemessungsgrundlage), 29 ErbStG (Herausgabe oder Anrechnung einer Zuwendung) vor. Mit Ausnahme des § 29 ErbStG enthalten die genannten Vorschriften zugleich die Korrekturanweisung an die Behörden.

[358] *Tipke*, Steuerrecht, S. 446.

[359] Die besonderen Zweckbestimmungen ergeben sich aus den einzelnen Verbrauchsteuergesetzen. Insbesondere die Ausfuhr kann als Beispiel angeführt werden; vgl. *Tipke / Kruse*, § 50 Rz. 1 mit weiteren Beispielen.

[360] Ähnlich: *Judeich / Felix (Judeich)*, § 3 StAnpG Tz. 33, 35; *Tipke / Kruse* (7. Aufl.), § 4 StAnpG A. 2.

[361] BFH BStBl. 1961 III, S. 162; so auch die Meinung in der Literatur:

schäftlich vereinbarte Bedingungen aus[362]. Von den gesetzlich vorgeschriebenen Wirksamkeitsbedingungen[363] unterscheiden sich Steuerbedingungen dadurch, daß sie gerade nicht zum eigentlichen Entstehungstatbestand gehören.

Steuerbedingungen stellen regelmäßig Voraussetzungen für Steuervergünstigungen auf. Treten die Bedingungen ein, müssen bereits erhobene Steuern erstattet (z. B. § 16 GrEStG 1983) oder — umgekehrt — Nachversteuerungen durchgeführt werden. Häufig bestimmen die Gesetze, daß die Voraussetzungen zur Steuervergünstigung für eine bestimmte Zeit gegeben sein müssen:

— § 9 Abs. 2 GrEStG a. F.: eine Nachversteuerung wird durchgeführt, wenn der Erwerber ein Grundstück innerhalb von 5 Jahren nach dem Rettungserwerb zu einem höheren Preis weiterveräußert;

— § 7 d Abs. 6 EStG: erhöhte Absetzungen für Wirtschaftsgüter, die dem Umweltschutz dienen, werden „unter der Bedingung" gewährt, daß sie 5 Jahre im Betrieb verbleiben;

— § 4 b Abs. 2 Nr. 1 c bis 4 InvZulG[364]: die Investitionszulage ist ebenfalls von bestimmten „Verbleibensvoraussetzungen" abhängig.

In anderen Fällen wird eine Steuervergünstigung gewährt, um einen gesetzlich vorgegebenen Zweck zu erfüllen:

— so steht der Sonderausgabenabzug nach § 10 b Abs. 1 EStG unter der auflösenden Bedingung, daß geleistete Spenden tatsächlich zur Förderung des begünstigten Zweckes verwendet werden[365];

— § 7 d EStG begünstigt Wirtschaftsgüter, die dem Umweltschutz dienen;

— § 6 b EStG[366] sieht Vergünstigungen vor, wenn Veräußerungsgewinne reinvestiert werden.

Beckmann, BB 1967, S. 532 (533); *Beker*, S. 21; *Mattern / Meßmer*, § 4 StAnpG Rz. 2635; *Paulick*, Steuerlast, S. 363.

[362] Auch aus diesem Grund kann dem BFH in seinem Urteil BStBl. 1962 III, S. 112 nicht gefolgt werden, wenn er Steuerklauseln unter § 4 Abs. 2 StAnpG subsumiert.

[363] BFH BStBl. 1951 III, S. 143: Bedurfte die Übertragung eines Geschäftsanteiles der Genehmigung der Militärregierung, ist erst damit die Börsenumsatzsteuer entstanden. Die Genehmigung ist keine Bedingung, sondern Wirksamkeitsvoraussetzung.

[364] Investitionszulagegesetz i. d. F. v. 3. 6. 1982, BGBl. 1982 I, S. 641; sofern die Wirtschaftsgüter diese Voraussetzungen nicht erfüllen, erlischt der Anspruch auf die Investitionszulage mit Wirkung für die Vergangenheit (§ 5 Abs. 6 Satz 2 InvZulG).

[365] BFH BStBl. 1976 II, S. 338 = BB 1976, S. 679 = StRK § 4 StAnpG R. 55, Anmerkung von *v. Bornhaupt*, BB 1976, S. 679.

[366] Die Vorschrift wird in der BR-Drucksache 363/81, S. 76 (zu Art. 35) erwähnt.

b) Anwendbarkeit des § 175 Abs. 1 Satz 1 Nr. 2 AO

Treten die unter a) aufgeführten Voraussetzungen nicht ein, müssen die Steuervergünstigungen entfallen. Der ursprüngliche Steuerbescheid muß also korrigiert werden. Als die AO 1977 in Kraft trat, enthielt sie keine dem § 4 Abs. 2 StAnpG vergleichbare Regelung.

aa) Rechtslage bis zum Inkrafttreten des 2. Haushaltsstrukturgesetzes[367]

Vor diesem Zeitpunkt konnte § 175 (Abs. 1) Satz 1 Nr. 2 AO nicht direkt angewendet werden, da der Bedingungseintritt grundsätzlich nicht zurückwirkt. Das folgt zunächst aus § 50 Abs. 1 und Abs. 3 AO. Beide Bestimmungen wirken ex nunc („... erlischt ..., wenn die Bedingung eintritt ..."; „die Steuer wird unbedingt ..."). Ferner knüpft der Begriff der auflösenden Steuerbedingung an den der bürgerlichrechtlichen Bedingung an[368]. Auch daraus folgt, daß die Steuerbedingung nicht ex tunc wirkt.

Daher kommt für Korrekturen in diesem Zeitraum allenfalls eine analoge Anwendung des § 175 (Abs. 1) Satz 1 Nr. 2 AO in Betracht. Eine planmäßige Gesetzeslücke[369] muß verneint werden, da nach dem gesetzgeberischen Willen diese Fälle gerade von § 175 AO erfaßt werden sollen. Außer § 175 Satz 1 Nr. 2 AO findet sich keine vergleichbare Vorschrift, die diesen Sachverhalt regeln könnte[370]. Da der nachträgliche Bedingungseintritt die Steuervergünstigung rückwirkend entfallen oder entstehen läßt, wird ein steuerlicher Tatbestand beeinflußt: Der ursprünglich nicht besteuerte Sachverhalt wird der Nachversteuerung unterworfen; wurde die Steuer bereits einbehalten, ist sie zu erstatten. Die Fälle, in denen Ereignisse auf den Entstehungszeitpunkt eines Anspruches aus dem Steuerschuldverhältnis einwirken, bilden gerade den Anwendungsbereich dieser Korrekturvorschrift. Nach seinem Sinn und Zweck ist § 175 Abs. 1 Nr. 2 AO auf diese Fallgruppe anwendbar.

Auch die Interessenlagen bei dieser Fallgruppe und in den anderen bisher dargestellten Fällen, in denen § 175 AO anwendbar ist, entsprechen sich. Der Steuerpflichtige und die Finanzverwaltung müssen die Korrektur beanspruchen können, wenn Voraussetzungen für Steuervergünstigungen rückwirkend entstanden bzw. weggefallen sind. Nur so

---

[367] 2. Haushaltsstrukturgesetz vom 22. 12. 1981, BGBl. 1981 I, S. 1523.

[368] *Becker / Riewald / Koch*, § 4 StAnpG Anm. 2 (4); *Judeich / Felix (Judeich)*, § 3 StAnpG Tz. 34; *Tipke / Kruse* (7. Aufl.), § 4 StAnpG A. 2.

[369] Zu den Voraussetzungen einer Analogie vgl. *Tipke*, Steuerrecht, S. 101, 102.

[370] Insbesondere scheidet § 173 AO aus, da es sich bei Steuerbedingungen nicht um vorhandene aber unbekannte Tatsachen handelt, sondern um nachträglich eingetretene Ereignisse; vgl. *Friedrich*, StuW 1976, S. 372 (374).

kann der Grundsatz der Tatbestandsmäßigkeit der Besteuerung gewahrt werden.

Da somit die Voraussetzungen einer Analogie erfüllt sind, kann festgehalten werden, daß § 175 Satz 1 Nr. 2 AO auf Korrekturfälle infolge des Eintritts auflösender Steuerbedingungen bis zum Inkrafttreten des Haushaltsstrukturgesetzes analog anzuwenden ist[371].

bb) Rechtslage nach Inkrafttreten des 2. Haushaltsstrukturgesetzes

Mit dem Erlaß dieses Gesetzes[372] erhielt § 175 AO folgenden Abs. 2:

„Als rückwirkendes Ereignis gilt auch der Wegfall einer Voraussetzung für eine Steuervergünstigung, wenn gesetzlich bestimmt ist, daß diese Voraussetzung für eine bestimmte Zeit gegeben sein muß ...".

Damit wird klargestellt[373], daß zumindest der überwiegende Teil der Steuerbedingungen mit auflösender Wirkung von § 175 Abs. 1 Satz 1 Nr. 2 AO erfaßt wird. Die anderen Steuerbedingungen, die keine „Verbleibenszeiträume" beinhalten, müssen über die Analogie zu § 175 Abs. 1 Satz 1 Nr. 2 AO behandelt werden. Auch die Fälle, in denen die Steuer sofort erhoben wird, bei denen aber nachträglich die Voraussetzungen für eine Steuervergünstigung erst entstehen (z. B. § 16 GrEStG 1983), können nicht über den neuen Absatz 2 gelöst werden[374].

c) Fälle aus Rechtsprechung und Gesetz

Nachfolgend werden ergänzend Beispielsfälle zur Steuerbedingung dargestellt.

Fällt die nach § 13 Abs. 1 Nr. 2 Satz 2 ErbStG gewährte Steuerbefreiung beim Erwerb historisch bedeutsamer Grundstücke weg, weil das Grundstück innerhalb von zehn Jahren nach dem Erbfall weiterveräußert wird[375], so ist die Steuer nach heutigem Recht gemäß § 175 Abs. 1 Satz 1 Nr. 2, Abs. 2 AO nachzuerheben.

Unterschiedlich behandelt wurde der nachfolgende Sachverhalt: Wird die Vergünstigung des § 7 b Abs. 3 EStG 1961[376] bereits dem wirtschaftlichen Eigentümer (§ 39 Abs. 2 AO) eines Gebäudes gewährt, so geschieht dies — so eine Auffassung — unter der Voraussetzung, daß der Kaufanwärter auch Eigentümer wird. Tritt diese Voraussetzung später nicht

[371] Ebenso *Friedrich*, StuW 1976, S. 372 (374).

[372] s. o. Fn. 367.

[373] So auch *Stuhrmann*, NJW 1982, S. 1024 (1029).

[374] § 16 GrEStG 1983 enthält auch die verfahrensrechtliche Vorschrift; insofern tritt § 175 AO als die allgemeinere Vorschrift zurück.

[375] BFH BStBl. 1966 III, S. 314.

[376] Dieser Vorschrift entspricht § 7 b Abs. 1 EStG 1981.

ein, muß die Veranlagung, bei der die Vergünstigung berücksichtigt wurde, korrigiert werden. Der Bundesfinanzhof stützte die Korrektur auf § 4 Abs. 3 Ziff. 2 StAnpG[377]. M. E. wäre allenfalls § 4 Abs. 2 StAnpG — bzw. nach heutigem Recht § 175 Abs. 1 Satz 1 Nr. 2, Abs. 2 AO — anzuwenden gewesen, da der spätere Erwerb als Steuerbedingung aufzufassen wäre. Da aber bereits dem wirtschaftlichen Eigentümer die Steuervorteile zugute kommen, ohne daß er bürgerlich-rechtliches Eigentum erlangen muß[378] und die Tatsache des wirtschaftlichen Eigentums nicht rückgängig gemacht werden kann[379], verbleiben dem Anwärter die Steuervergünstigungen, auch wenn er den Vertrag auflöst.

Veranlagungen, bei denen zweckgebundene Spenden als Sonderausgaben berücksichtigt werden, waren nach § 4 Abs. 2 StAnpG zu ändern, wenn die Spenden nicht tatsächlich zur Förderung des begünstigten Zweckes verwendet wurden[380].

Weiterhin entschied der Bundesfinanzhof, daß die Voraussetzungen des § 4 Abs. 2 StAnpG vorliegen, wenn ein Finanzamt den Gewerbesteuermeßbescheid aus Billigkeitsgründen ohne Zustimmung der Gemeinde niedriger festgesetzt hat und die Gemeinde ihre Zustimmung schließlich verweigert[381]. Abgesehen davon, daß die Steuergesetze das Erfordernis der Zustimmung nicht mehr enthalten, ist § 175 Abs. 1 Satz 1 Nr. 2 AO für diesen Fall nicht einschlägig, weil nicht ein Steuerbescheid korrigiert werden soll, sondern ein sonstiger Steuerverwaltungsakt.

§ 175 Abs. 1 Satz 1 Nr. 2, Abs. 2 AO ist wiederum im Zusammenhang mit § 19 Abs. 8 BerlinFördG anwendbar, und zwar dann, wenn der Anspruch auf die Investitionszulage mit Wirkung für die Vergangenheit erloschen ist, weil die betreffenden Wirtschaftsgüter nicht für eine bestimmte Frist im Betrieb verblieben sind. Entsprechendes gilt für § 5 Abs. 6 InvZulG[382].

3. Korrektur von Verwaltungsakten als „Ereignis"

Ansprüche aus dem Steuerschuldverhältnis können auch durch Verwaltungsakte, die auf steuerlichen, aber auch auf außersteuerlichen Normen beruhen, beeinflußt werden.

So bringt z. B. das aufgrund einer Filmbewertung durch die Filmbewertungsstelle Wiesbaden verliehene Prädikat Vergünstigungen für

---

377 BFH BStBl. 1965 III, S. 709 (710).

378 BFH BStBl. 1973 II, S. 591 (592); 593 (593, 594).

379 s. o. 3. Kap. A IV.

380 BFH BStBl. 1976 II, S. 338 = BB 1976, S. 679 = StRK § 4 StAnpG R. 55.

381 BFH BStBl. 1962 III, S. 497 (501).

382 BGBl. 1982 I, S. 641 (643).

die Vergnügungsteuer mit sich. Ein anderes Beispiel für einen auf außersteuerlichen Normen beruhenden Verwaltungsakt ist die amtsärztliche Bescheinigung, durch die eine prozentuale Minderung der Erwerbsfähigkeit festgestellt wird, wovon die Höhe der Freibeträge bei der Bemessung der Einkommensteuer abhängt. Werden solche Verwaltungsakte rückwirkend geändert oder aufgehoben, so können diese Vorgänge die Voraussetzungen des § 175 Abs. 1 Satz 1 Nr. 2 AO erfüllen.

a) Allgemeine Ausführungen und Abgrenzungen

§ 175 Abs. 1 Satz 1 Nr. 2 AO will die Vorgänge erfassen, die sich nach Erlaß des ursprünglichen Steuerbescheides ereignet haben und die auf den Entstehungszeitpunkt des Anspruchs aus dem Steuerschuldverhältnis zurückwirken. Die damit verbundene Begründung, Änderung oder Aufhebung von (Verwaltungs-)Rechtsverhältnissen kann nur durch konstitutive Verwaltungsakte bewirkt werden[383]. Konstitutiv wirken ferner verwaltungsbehördliche Zustimmungen, von denen die Wirksamkeit eines Verwaltungsaktes oder eines privaten Rechtsgeschäftes abhängt[384]. Darüber hinaus sind auch solche Verwaltungsakte in diesem Zusammenhang zu erwähnen, durch welche die Voraussetzungen für eine Steuervergünstigung nachträglich widerrufen, zurückgenommen oder geändert werden.

Deklaratorische Verwaltungsakte stellen lediglich bestehende Verhältnisse fest[385]; sie können jedoch keine Sachverhaltsänderung bewirken. Daher können sie nicht zur Anwendbarkeit des § 175 Abs. 1 Satz 1 Nr. 2 AO führen. Einschlägig wäre vielmehr § 173 AO, wenn nachträglich beispielsweise eine Erwerbsbeschränkung festgestellt werden würde. Da auch Beweismittel gegenwärtige oder vergangene Tatsachen feststellen, gehören sie ebenfalls nicht zum Anwendungsbereich des § 175 Abs. 2 Satz 1 Nr. 2 AO.

Daß die Abgrenzung zwischen konstitutiven Verwaltungsakten einerseits und deklaratorischen Verwaltungsakten und Beweismitteln andererseits im Einzelfall schwierig sein kann, zeigt die Rechtsprechung zu § 33 b EStG. Es werden hier die Fälle angesprochen in denen nachträglich eine amtsärztliche Bescheinigung vorgelegt wird, die rückwirkend eine höhere Erwerbsbeschränkung feststellt. Nach der Rechtsprechung des BFH können solche Bescheinigungen keine Korrektur nach § 175 AO auslösen; sie seien als Beweismittel zu qualifizieren, die lediglich das Vorhandensein und den Grad einer Minderung belegen[386].

[383] Das ist gerade die Definition der konstitutiven Verwaltungsakte; *Forsthoff*, S. 209; *Seeliger*, StuW 1961, Sp. 157 (158).

[384] *Forsthoff*, S. 209.

[385] *Forsthoff*, S. 209.

Dieser Argumentation kann allerdings nicht generell gefolgt werden. Wenn auch der Steuerpflichtige die Erwerbsbeschränkung nachzuweisen hat — was dafür spricht, ein Beweismittel anzunehmen —, so sind die Finanzbehörden doch rechtlich gehindert, von diesem Minderungsgrad abzuweichen. Im Gegensatz zu (echten) Beweismitteln werden diese Bescheinigungen nicht mehr überprüft[387]. Die amtsärztlichen Feststellungen beeinflussen direkt das Steuerschuldverhältnis. Obwohl sie also konstitutiv wirken, kann ihre Korrektur in den folgenden Fällen nicht die Anwendbarkeit des § 175 (Abs. 1) Satz 1 Nr. 2 AO zur Folge haben[388]: Ändert sich nur die Höhe des Grades der Erwerbsunfähigkeit ohne daß eine Änderung des Gesundheitszustandes zugrunde liegt, fehlt es an einer rückwirkenden Sachverhaltsänderung[389]. Hat sich später herausgestellt, daß man bei der Beurteilung von einem unzutreffenden Sachverhalt ausging, liegt ebenfalls kein rückwirkendes Ereignis vor[390]; § 173 Abs. 1 Nr. 1 (1. Alternative) AO wäre anwendbar. § 175 (Abs. 1) Satz 1 Nr. 2 AO könnte allenfalls dann angewendet werden, wenn die amtsärztliche Bescheinigung mit Wirkung für die Vergangenheit widerrufen oder zurückgenommen werden könnte. Denn bei dieser Konstellation würde sich der besteuerte Sachverhalt rückwirkend ändern.

Mit dem 2. Haushaltsstrukturgesetz[391] trat eine Bestimmung in Kraft, die derartige Fälle regelt. Nach § 175 Abs. 2 AO gilt als rückwirkendes Ereignis auch der Wegfall einer Voraussetzung für eine Steuervergünstigung, wenn durch Verwaltungsakt festgestellt worden ist, daß sie die Grundlage für die Gewährung der Steuervergünstigung bildet.

Der — etwas unklare — Wortlaut der Vorschrift läßt sich dahingehend verstehen, daß als rückwirkendes Ereignis der Wegfall eines Verwaltungsaktes gilt, wenn in ihm Voraussetzungen für eine Steuervergünstigung enthalten sind. Die Bestimmung erfaßt jedoch schon nach ihrem Wortlaut die Fälle nicht, in denen ein solcher Verwaltungsakt rückwirkend inhaltlich geändert wird. Diese Fallvariante erfüllt vielmehr die Tatbestandsvoraussetzungen des § 173 Abs. 1 Nr. 1 (1. Alternative) AO. Denn eine rückwirkende Inhaltsveränderung ist nur aufgrund neuer Tatsachen (oder Beweismittel) denkbar.

---

386 Zu § 4 Abs. 3 Ziff. 2 StAnpG: BFH BStBl. 1965 III, S. 391 (LS, 391); 1969 II, S. 681 (682).

387 Im Gegensatz zu diesen Bescheinigungen sind Spendenbescheinigungen für die Finanzverwaltung nachprüfbar. Da sie Beweismittel sind, kann ihr Widerruf keine Korrektur auslösen — BFH BStBl. 1967 III, S. 365 (365 u.). Anderer Ansicht war das Hess. FG EFG 1973, S. 382.

388 FG Berlin EFG 1968, S. 69 (70) vertrat zu § 4 Abs. 3 Ziff. 2 StAnpG den gegenteiligen Standpunkt.

389 BFH BStBl. 1969 II, S. 681 (682).

390 s. o. Fn. 388.

391 Gesetz vom 22. 12. 1981, BGBl. 1981 I, S. 1523.

b) Verwaltungsakte außerhalb des Steuerrechts

Ein Beispiel dafür, daß außersteuerliche Verwaltungsakte auf einen Steuertatbestand einwirken können, bilden die bereits erwähnten amtsärztlichen Bescheinigungen über bestehende Erwerbsbeschränkungen. Wenn in zwei Entscheidungen des BFH[392] eine Korrektur abgelehnt wurde, so geschah dies, weil rückwirkend eine höhere Erwerbsbeschränkung festgestellt wurde, obwohl keine Veränderung des Gesundheitszustandes eingetreten war. Der Sachverhalt ändert sich nicht nachträglich; vielmehr wurde — und das wird in einer Entscheidung angedeutet[393] — ein gleichgebliebener Sachverhalt anders gewürdigt.

Ein weiteres Beispiel für einen außersteuerlichen Verwaltungsakt, der auf den zu besteuernden Sachverhalt einwirkte, enthält BFH BStBl. 1961 III, S. 77: Einem verlobten Paar wurden nach dem Tode eines Partners aufgrund des Gesetzes über die Anerkennung rassisch und politisch Verfolgter die rechtlichen Wirkungen einer gesetzlichen Ehe durch Verwaltungsakt zuerkannt. Der Erbschaftsteuerbescheid war zu korrigieren, weil die gesetzlichen Ehevorschriften nicht berücksichtigt wurden.

Beispielsfälle finden sich ferner in § 12 Abs. 2 Ziff. 10 UStG 1980, wonach die Umsatzsteuervergünstigungen gewährt werden, wenn die Genehmigungen nach den §§ 2, 9, 11 Personenbeförderungsgesetz erteilt sind. Deren Rücknahme (§ 25 Personenbeförderungsgesetz) kann eine Korrektur nach § 175 AO auslösen. Die Steuerbefreiungen nach § 5 Abs. 1 Ziff. 11, 12 KStG 1981 sowie nach § 3 Ziff. 15 bis 18 GewStG setzen ebenfalls außersteuerliche Verwaltungsakte voraus.

Stimmt eine Gemeinde Billigkeitserwägungen bei der Festsetzung des Gewerbesteuermeßbetrages zu, erläßt sie einen (außersteuerlichen) Verwaltungsakt. Legt ein Steuerpflichtiger diese Zustimmung nachträglich vor, ist der Gewerbesteuermeßbescheid durch einen neuen Bescheid zu ersetzen, der die Billigkeitsgründe berücksichtigt[394]. Nach geltendem Recht ist § 175 Abs. 1 Satz 1 Nr. 2 AO anwendbar.

c) Steuerrechtliche Verwaltungsakte

Als Beispiel für einen auf steuerrechtlichen Vorschriften beruhenden Verwaltungsakt ist der Bescheid über die getrennte Veranlagung von Ehegatten nach § 26 a EStG anzuführen.

---

[392] BFH BStBl. 1965 III, S. 391 (LS, 391); 1969 II, S. 681 (682).

[393] BFH BStBl. 1969 II, S. 681 (682).

[394] BFH BStBl. 1963 III, S. 143 (LS, 144). Diese Entscheidung ist gleichzeitig ein Beispiel für das Hinzutreten eines Ereignisses.

Ist bei getrennter Veranlagung der Bescheid des einen Ehegatten bereits bestandskräftig und wird dann der Antrag auf getrennte Veranlagung widerrufen, so muß der bereits bestandskräftige Bescheid aufgehoben werden, um eine Zusammenveranlagung vornehmen zu können.

Umstritten ist, ob § 174 AO oder § 175 Abs. 1 Satz 1 Nr. 2 AO heranzuziehen ist[395]. Für die Anwendbarkeit des § 174 AO spricht die Tatsache, daß sich die getrennte und die gemeinsame Veranlagung bei einem Ehepaar im gleichen Veranlagungszeitraum denkgesetzlich ausschließen, denn die §§ 26 ff. EStG können nur einheitlich bei beiden Ehegatten angewendet werden[396]. Allerdings setzen die Tatbestände des § 174 AO einen „bestimmten Sachverhalt" voraus. Da aber mit dem Antrag, die Veranlagungsart zu wechseln, ein neuer Sachverhalt geschaffen wird, ist diese Tatbestandsvoraussetzung des § 174 AO nicht erfüllt.

Wird nach getrennter Veranlagung wieder die Zusammenveranlagung beantragt, ist die dem Steuerbescheid immanente Entscheidung über die getrennte Veranlagung aufzuheben und die gemeinsame durchzuführen[397]. Aus § 26 Abs. 3 EStG ergibt sich, daß die getrennte Veranlagung die Ausnahme und die Zusammenveranlagung die Regel ist; liegen die Voraussetzungen für die Ausnahme nicht oder nicht mehr vor, bleibt es bei dem Grundsatz der Zusammenveranlagung. Das hat zur Folge, daß der bestandskräftige Steuerbescheid ebenfalls zu korrigieren ist. Die Korrektur wird infolge der Sachverhaltsänderung notwendig. Die Rückwirkung der Sachverhaltsänderung ergibt sich daraus, daß sich beide Veranlagungsarten bei einem Ehepaar ausschließen und der Zusammenveranlagung der Vorrang zukommt. Damit sind die Voraussetzungen des § 175 Abs. 1 Satz 1 Nr. 2 AO erfüllt[398]. § 174 AO ist nicht einschlägig.

§ 175 Abs. 1 Satz 1 Nr. 2 AO ist auch heranzuziehen, wenn die bestandskräftige Nachversteuerung zu korrigieren ist, weil die vorhergehende Veranlagung berichtigt wurde[399].

Wird auf einen späteren Feststellungszeitpunkt eine Fortschreibung durchgeführt und dann der Einheitswertbescheid berichtigt, so ist der Fortschreibungsbescheid wieder aufzuheben[400]. Das rückwirkende Er-

[395] Offengelassen von BFH BStBl. 1977 II, S. 605 (606).

[396] Niedersächsisches Finanzgericht EFG 1981, S. 565.

[397] BFH BStBl. 1977 II, S. 605 (606); BFH BStBl. 1978 II, S. 215 (216).

[398] EStR Abschn. 174 Abs. 4 Satz 4; OFD Saarbrücken S 1076 — 2 — St 33, S. 75; *Tipke / Kruse*, § 175 Tz. 11 a. E. Anderer Ansicht: FG München EFG 1975 S. 19 (20); *Fichtelmann*, Inf. 1974, S. 131 (133) und DStZ/A 1978, S. 173 (174); *Kurz*, StuW 1979, S. 243 (256).

[399] BFH BStBl. 1958 III, S. 130; FG Stuttgart EFG 1961, S. 545 (546); *Hoffmann*, FR 1959, S. 209; — *rh.* —, FR 1955, S. 565; *Tipke / Kruse* (7. Aufl.), § 4 StAnpG A. 4 e.

eignis liegt in der Änderung des Einheitswertes im letzten Feststellungszeitpunkt. Nach diesem Einheitswert richtet sich die Wertfortschreibung gemäß § 22 BewG.

Ebenfalls nach § 175 Abs. 1 Satz 1 Nr. 2 AO ist ein Neuveranlagungsbescheid i. S. des § 16 VStG aufzuheben, wenn später die vorausgegangene Veranlagung berichtigt wird und sich dadurch die Neuveranlagungsgrenzen verschieben[401].

4. *Gerichtsentscheidungen*

Auch Gerichtsentscheidungen können nachträglich auf besteuerte Sachverhalte einwirken und eine Korrektur nach § 175 Abs. 1 Satz 1 Nr. 2 AO auslösen.

Beispiele wurden bereits im Zusammenhang mit der Beseitigung von Folgewirkungen einer Bilanzberichtigung/-änderung angeführt[402]. In erster Linie kommen Urteile in Betracht, die — zumindest teilweise — feststellenden Inhalt haben. So ist ein Urteil auch steuerlich zu beachten, wenn wegen des Grades einer Erwerbsbeschränkung ein Rechtsstreit geführt wird und das Gericht rückwirkend einen höheren Grad feststellt[403].

Aber auch Gestaltungsurteile können zur Korrektur führen: ein Gewerbesteuermeßbetragsbescheid ist zu ändern, wenn der Steuerpflichtige nachträglich die Zustimmung der Gemeinde zur Berücksichtigung von Billigkeitsmaßnahmen oder eine entsprechende rechtskräftige Entscheidung des Verwaltungsgerichts vorlegt[404, 405].

IV. Einzelfälle außerhalb des Anwendungsbereiches des § 175 Abs. 1 Satz 1 Nr. 2 AO

1. *Irrtümliche Annahme eines Besteuerungsmerkmales*

Der Reichsfinanzhof hat in seinem Urteil vom 24. 10. 1940[406] entschieden, daß ein Steuerbescheid zurückzunehmen ist, wenn er gegen einen vermeintlichen Erben erlassen wurde. Findet sich später ein Testament und stellt sich dann heraus, daß der rechtskräftig Veranlagte nicht der

---

[400] Beispiel nach *Falterbaum / Barthel*, S. 234.

[401] BFH HFR 1964, S. 147 (150 f.).

[402] s. o. 3. Kap. B II 5 c.

[403] BFH BStBl. 1957 III, S. 452 (LS, 453).

[404] BFH BStBl. 1963 III, S. 143 (LS, 144 a. E.).

[405] Weitere Beispiele: RFH RStBl. 1940, S. 925; BFH HFR 1964, S. 11; BFH BStBl. 1968 II, S. 583 (584).

[406] RFH RStBl. 1940, S. 931.

Erbe ist, sei die Korrektur — so der RFH — auf § 4 Abs. 3 Ziff. 2 StAnpG zu stützen. Zur Begründung wird ausgeführt, daß die Vorschrift zwar für die Fälle anwendbar sei, in denen ein Besteuerungsmerkmal tatsächlich bestanden habe, daß aber das natürliche Rechtsempfinden die Anwendung der Vorschrift auch dann verlange, wenn ein Besteuerungsmerkmal irrtümlich angenommen wurde.

Diese Rechtsprechung kann nicht aufrechterhalten werden[407]. Denn in diesem Fall ist eine neue Tatsache eingetreten, die im Zeitpunkt des Erlasses des Bescheides bereits gegeben, dem Finanzamt aber noch nicht bekannt war. Da die Erbenstellung von Anfang an objektiv feststand, trat in bezug auf die Vergangenheit keine Änderung ein. Demnach gehören solche und ähnliche Fälle nicht zum Anwendungsbereich des § 175 Abs. 1 Satz 1 Nr. 2 AO. § 173 Abs. 1 AO wäre einschlägig[408].

2. *Umdeutung und Auslegung*

Mangels einer Sachverhaltsänderung wird das Tatbestandsmerkmal „rückwirkendes Ereignis" nicht verwirklicht, wenn ein steuerrechtlich erheblicher Vertrag umgedeutet wird oder anders ausgelegt wird.

3. *Vorvertrag*

Ein rückwirkendes Ereignis liegt ebenfalls nicht vor, wenn ein Vertrag geschlossen wird, der sich auf einen am steuerlich relevanten Stichtag bereits vorliegenden Vorvertrag bezieht und bereits dieser Vorvertrag den Steuertatbestand verwirklicht hat.

---

[407] *Beker*, S. 16; *Lange*, DStZ 1940, S. 349 (351); *Thiel*, BB 1963, S. 443 (445); anderer Ansicht: *Judeich / Felix*, § 4 StAnpG Tz. 15.

[408] BFH BStBl. 1954 III, S. 239; auch hier stellte sich erst später heraus, daß der vermeintliche, treuhänderisch eingesetzte, mit der Erbschaftsteuer belastete Erbe nicht der Erbe war. Die Korrektur ist im Ergebnis nicht zu beanstanden, wohl aber in der Begründung: Auch hier hätte nicht § 4 Abs. 3 Ziff. 2 StAnpG, sondern § 222 RAO angewandt werden müssen. So auch: *Hippe*, (Änderung), S. 191.

Viertes Kapitel

§ 175 Abs. 1 Satz 1 Nr. 2 AO im Verhältnis zu anderen Korrekturvorschriften

Nach der Darstellung der Fallgruppen, die dem Anwendungsbereich des § 175 Abs. 1 Satz 1 Nr. 2 AO unterliegen, werden nachfolgend die Konkurrenzen zu anderen Korrekturvorschriften behandelt, die in der AO und in Einzelsteuergesetzen enthalten sind. Einige zusammenfassende Ausführungen zu den Tatbestandsmerkmalen der hier behandelten Korrekturvorschriften werden vorangestellt.

A. Die Tatbestandsmerkmale des § 175 Abs. 1 Satz 1 Nr. 2 AO

I. Ereignis

Das weitgefaßte Tatbestandsmerkmal „Ereignis" wird durch den weiteren Wortlaut der Vorschrift eingegrenzt: Das Ereignis muß steuerlich zurückwirken. Es muß — wie festgestellt[1] — auf den Zeitpunkt zurückwirken, in dem der Anspruch aus dem Steuerschuldverhältnis entstanden ist. Hinzu kommt, daß ein einmal entstandener Steueranspruch grundsätzlich nicht mehr durch nachträgliche Abänderung des Sachverhaltes beeinflußt werden kann.

II. Ungeschriebenes Tatbestandsmerkmal: nachträglich(er Ereigniseintritt)

Da § 175 Abs. 1 Satz 1 Nr. 2 AO einen bereits bestandskräftigen Steuerbescheid voraussetzt, darf das Ereignis nicht schon im Zeitpunkt seines Erlasses vorgelegen haben; es muß nach Entstehung der Ansprüche aus dem Steuerschuldverhältnis — also nachträglich — eingetreten sein[2].

---

[1] s. o. 3. Kap. A III.

[2] BFH BStBl. 1973 II, S. 591 (592).

III. Wirkung für die Vergangenheit

Das „Ereignis" muß in die Vergangenheit zurückwirken. Ob einem Ereignis eine Wirkung für die Vergangenheit zukommt, richtet sich nach den Rechtsgrundsätzen, die den jeweiligen Sachverhalt regeln. § 175 Abs. 1 Satz 1 Nr. 2 AO enthält hierzu keinen Anhaltspunkt.

IV. Steuerliche Rückwirkung

Indem das „Ereignis" steuerlich in die Vergangenheit wirken muß, nimmt der Wortlaut der Vorschrift eine weitgehende Einschränkung vor.

Auszugehen ist von dem Grundsatz der Unabänderlichkeit des einmal entstandenen Anspruchs aus dem Steuerschuldverhältnis. Eine Korrektur nach § 175 Abs. 1 Satz 1 Nr. 2 AO setzt voraus, daß der richtig ermittelte und beurteilte Sachverhalt, an den die Besteuerung anknüpfte, sich durch das später eingetretene (rückwirkende) Ereignis geändert hat[3]. Das Ereignis muß — entsprechend dem Zweck des § 175 Abs. 1 Satz 1 Nr. 2 AO —[4] auf den Zeitpunkt einwirken, in dem der Anspruch aus dem Steuerschuldverhältnis entstanden ist. Nur dann ist die steuerliche Rückwirkung zu bejahen.

Ob einem Ereignis eine steuerliche Wirkung für die Vergangenheit zukommt, richtet sich nach den einzelnen Steuergesetzen[5] — dazu gehören auch Vorschriften der AO[6] — und nach den Prinzipien des Steuerrechts. So bestimmt § 41 Abs. 1 Satz 1 AO, daß die rechtliche Rückgängigmachung eines Geschäftes nur dann steuerlich zu beachten ist, wenn auch seine wirtschaftlichen Ergebnisse rückgängig gemacht werden. Als weitere Beispiele aus der AO können die §§ 50 Abs. 1, 61 Abs. 3 angeführt werden. Die §§ 29 ErbStG, 19 Abs. 8 BerlFördG, 4 Abs. 6 InvZulG sehen vor, daß Steuer- und Vergünstigungsansprüche unter bestimmten Voraussetzungen rückwirkend erlöschen. Diese besonderen Gesetze regeln die materiellen Voraussetzungen; die Korrektur erfolgt nach § 175 Abs. 1 Satz 1 Nr. 2 AO[7], der lediglich die Verfahrensvorschrift enthält.

---

[3] BFH BStBl. 1969 II, S. 681 (682); BFH UStR 1970, S. 52; BFH BStBl. 1973 II, S. 591 (592); *Thiel / Steinwachs*, S. 79.

[4] s. o. 1. Kap. C und 3. Kap. A III.

[5] *Beckmann*, BB 1967, S. 532 (533) zu § 4 Abs. 3 Ziff. 2 StAnpG; *Kühn / Kutter*, § 175 Anm. 3; *Tipke / Kruse*, § 175 Tz. 10; *Woerner / Grube*, S. 102.

[6] Zu eng *Koch*, § 175 Rz. 12; *Kurz*, StuW 1979, S. 243 (257), die nur die Einzelsteuergesetze für maßgeblich halten.

[7] Zu § 29 ErbStG: *Kapp*, § 29 Rz. 3; *Meincke / Michel*, § 29 Anm. 2.

V. Tatbestandliche Bestimmtheit

Einzelne Autoren erhoben Bedenken gegen den Wortlaut des § 175 Abs. 1 Satz 1 Nr. 2 AO: Der Tatbestand sei nicht hinreichend bestimmt[8]. Die Kritik knüpft am Merkmal „Ereignis" an.

Die bisherigen Ausführungen haben gezeigt, daß das Merkmal „Ereignis" restriktiv auszulegen ist. Es erfährt Einschränkungen durch den weiteren Wortlaut der Vorschrift und durch den Normzweck. Im Rückblick auf die vielfältigen Fallgruppen, die von § 175 Abs. 1 Satz 1 Nr. 2 AO erfaßt werden, wird ersichtlich, daß umfassende Oberbegriffe verwendet werden müssen. Da einerseits der weite Begriff notwendig ist, um die dargestellten Fälle zu erfassen, andererseits aber infolge der restriktiven Auslegung der Anwendungsbereich genau eingegrenzt ist — das Ereignis muß auf den Zeitpunkt der Entstehung des Anspruchs zurückwirken —, ist die Vorschrift mit dem rechtsstaatlichen Gebot der tatbestandlichen Bestimmtheit[9] vereinbar.

Im Zusammenhang mit der Darstellung der Fallgruppen konnte auch eruiert werden, daß „Tatsachen" keine „rückwirkenden Ereignisse" i. S. der Vorschrift sein können[10]. § 175 Abs. 1 Satz 1 Nr. 2 AO erfaßt vielmehr nur rechtliche Gestaltungshandlungen[11]. Demnach hätte der Gesetzgeber — um jede Kritik im Hinblick auf den Grundsatz tatbestandlicher Bestimmtheit zu vermeiden — die Vorschrift etwa folgendermaßen formulieren können:

> „Ein Steuerbescheid ist zu erlassen, aufzuheben oder zu ändern, soweit ein Rechtsverhältnis, welches unmittelbar oder mittelbar zu einem Tatbestand gehört, an den das Gesetz eine Leistungspflicht knüpft, nachträglich mit steuerlicher Wirkung für die Vergangenheit eintritt, sich inhaltlich ändert oder wegfällt."

Damit wären ebenfalls alle behandelten Fallgruppen erfaßt.

B. § 175 Abs. 1 Satz 1 Nr. 2 AO im Verhältnis zu anderen Korrekturbestimmungen der AO

Daß die §§ 172 ff. AO die allgemeinen Bestimmungen der §§ 130, 131 AO verdrängen, wurde bereits erwähnt[12]. Im Zusammenhang mit der Darstellung einzelner Fallgruppen wurden auch wiederholt die Fälle

---

[8] *Friedrich*, StuW 1976, S. 372 (375 bei Fn. 40); *Woerner / Grube*, S. 101.
[9] *Hesse* (11. Aufl.), S. 83; *Tipke*, Steuerrecht, S. 39.
[10] s. o. 3. Kap. A IV.
[11] Ebenso *Tipke*, FR 1971, S. 69 (71).
[12] s. o. 1. Kap. B.

des § 175 Abs. 1 Satz 1 Nr. 2 AO von denen anderer Korrekturvorschriften abgegrenzt. Die bisherigen Feststellungen werden nachfolgend zusammengefaßt und ergänzt.

I. § 175 Abs. 1 Satz 1 Nr. 2 AO und § 173 AO

Die beiden Vorschriften schließen sich gegenseitig aus[13]. Nachträglich bekanntgewordenen Tatsachen oder Beweismitteln fehlt die rückwirkende Kraft. Der Sachverhalt, der bei Wirksamwerden des Steuerbescheides objektiv feststand, wurde fehlerhaft besteuert, weil den Finanzbehörden einzelne Tatsachen unbekannt waren. § 173 AO ermöglicht die Korrektur, damit der unverändert gebliebene Sachverhalt zutreffend besteuert wird.

Demgegenüber setzt § 175 Abs. 1 Nr. 2 AO voraus, daß sich der — einst vollständig ermittelte und richtig besteuerte — Sachverhalt rückwirkend ändert. Die Ereignisse dürfen erst eintreten, wenn der Bescheid bereits bestandskräftig geworden ist. § 175 Abs. 1 Satz 1 Nr. 2 AO will die Steuerfolgen der Sachverhaltsänderung anpassen.

II. § 175 Abs. 1 Satz 1 Nr. 2 AO und die Fälle des § 174 AO

Sämtliche Regelungen des § 174 AO setzen einen „bestimmten Sachverhalt“ voraus. In den Fällen des § 175 Abs. 1 Satz 1 Nr. 2 AO wird aber ein besteuerter Sachverhalt mit Rückwirkung geändert, d. h., ein neuer Sachverhalt wird besteuert. Daraus folgt, daß § 174 AO nicht anwendbar ist, wenn der Tatbestand des § 175 Abs. 1 Satz 1 Nr. 2 AO verwirklicht wurde. Daher steht § 174 AO zu § 175 AO — ebenso zu den §§ 172, 173 AO — im Verhältnis der Subsidiarität[14].

III. § 175 Abs. 1 Satz 1 Nr. 2 AO und § 175 Abs. 1 Satz 1 Nr. 1 AO

§ 175 Abs. 1 Satz 1 Nr. 2 AO läßt generell Ereignisse mit steuerlicher Wirkung für die Vergangenheit ausreichen, um einen Steuerbescheid zu korrigieren. Wie Nr. 2, so will auch die Nr. 1 des § 175 Abs. 1 Satz 1 AO die Besteuerung einer Sachverhaltsänderung anpassen. Allerdings regelt Nr. 1 nur den besonderen Fall, daß die Korrektur eines Grundlagenbescheides die weitere Korrektur des Steuerbescheides auslöst. Daher ist Nr. 1 als Sondervorschrift zu Nr. 2 anzusehen[15].

---

[13] BFH BStBl. 1965 III, S. 391; 1969 II, S. 681 (682); FG Berlin EFG 1968, S. 69 (70) zu § 4 Abs. 3 Ziff. 2 StAnpG und § 222 RAO. Zu den §§ 173, 175 AO: *Paulick*, Steuerrecht, Rdnr. 948.

[14] *Woerner / Grube*, S. 95.

[15] *Tipke / Kruse*, § 175 Tz. 1; *Woerner / Grube*, S. 99.

C. Spezielle Vorschriften in den Einzelsteuergesetzen

Die Einzelsteuergesetze enthalten vielfach Bestimmungen, die ganz oder teilweise mit der Regelung des § 175 Abs. 1 Satz 1 Nr. 2 AO kongruent sind. Beispiele sind u. a. die §§ 17 GrEStG, 10 d Sätze 2 und 3 EStG, 17 UStG, 11 WechselStG, 9 Abs. 1 VersicherungsStG. Insoweit diese Regelungen anwendbar sind, verdrängen diese speziellen Bestimmungen die allgemeinen AO-Vorschriften.

Fünftes Kapitel

Zusammenfassung

Die Abgabenordnung unterscheidet zwischen allgemeinen und besonderen Korrekturvorschriften. Ihnen ist gemeinsam, daß sie die ausdrücklichen Gesetzesbefehle enthalten, um die materielle Bestandskraft zu durchbrechen. Ihre Aufgabe in materiell-rechtlicher Hinsicht liegt darin, das Interesse des Staates an richtiger Rechtsanwendung gegen das Vertrauen des einzelnen in den Bestand einer getroffenen Entscheidung abzuwägen. Rechtsrichtigkeit und Rechtssicherheit stehen sich gegenüber. Die besonderen Korrekturvorschriften bewerten aufgrund des dem Steuerbescheid vorausgegangenen förmlichen Festsetzungsverfahrens das Prinzip der Rechtsrichtigkeit höher als das der Rechtssicherheit. Zu diesen besonderen Korrekturvorschriften gehört § 175 Abs. 1 Satz 1 Nr. 2 AO. Er ermöglicht es, die Steuer einer nachträglichen rückwirkenden Sachverhaltsänderung anzupassen.

Ein Ereignis i. S. des § 175 Abs. 1 Satz 1 Nr. 2 AO kann erst dann angenommen werden, wenn die Beteiligten die besteuerten Vorgänge nicht nur rechtlich, sondern auch wirtschaftlich rückabwickeln. Dies folgt aus § 41 Abs. 1 Satz 1 AO. Diese Norm des Steuerschuldrechts füllt das Tatbestandsmerkmal „steuerliche“ Rückwirkung des § 175 Abs. 1 Satz 1 Nr. 2 AO aus.

Bei laufend veranlagten Steuern kann ein Vorgang nicht in jedem Falle wirtschaftlich rückgängig gemacht werden. Sachverhaltsänderungen sollen — obwohl sie rechtlich auf vergangene, abgeschlossene Veranlagungszeiträume einwirken — nur im laufenden Veranlagungszeitraum berücksichtigt werden können. Wenn auch die These nicht haltbar ist, die §§ 175, 41 AO seien bei laufend veranlagten Steuern generell oder zumindest bei einzelnen Veranlagungssteuern unanwendbar, so unterliegen dennoch die genannten Vorschriften des Allgemeinen Steuerrechts weitreichenden Einschränkungen. So verhindert das in § 11 EStG geregelte Zuflußprinzip eine Rückgängigmachung mit steuerlicher Wirkung für die Vergangenheit im Rahmen der Überschußeinkünfte und der Gewinnermittlung nach § 4 Abs. 3 EStG. Bilanziert der Steuerpflichtige, stehen die über § 5 Abs. 1 EStG im Einkommensteuerrecht — und durch Verweisungen auch im Körperschaft- und Gewerbesteuerrecht — maßgeblichen Grundsätze ordnungsmäßiger Buchführung der steuerlichen Rückgängigmachung eines Vorganges in einem abgelaufenen Veranlagungszeitraum entgegen. Außerdem ist für die §§ 175, 41 AO keine Anwendungsmöglichkeit gegeben, wenn der Gewinn in einem Veranlagungszeitraum aufgrund von Schätzungen oder nach Durchschnittssätzen ermittelt wird. Hingegen können Geschäfte rückgängig gemacht werden, die zu Veräußerungsgewinnen i. S. des § 34 EStG führen. Die Gesetze, die die laufend veranlagten Steuerarten betreffen, enthalten teilweise spezielle Vorschriften, die den §§ 175, 41 AO vorgehen. Es sind jedoch bei jeder Steuerart Anwendungsfälle für die §§ 175, 41 AO denkbar.

Rückwirkende Ereignisse i. S. des § 175 Abs. 1 Satz 1 Nr. 2 AO müssen eine Veränderung des besteuerten Lebenssachverhaltes bewirken. Tatsachen — die Geschehnisse der Gegenwart oder der Vergangenheit — können sich nicht rückwirkend verändern. Sie können ebensowenig eine Korrektur nach § 175 Abs. 1 Satz 1 Nr. 2 AO auslösen, wie die rückwirkende Veränderung eines abstrakten Tatbestandsmerkmales dies vermag. Unter das Tatbestandsmerkmal „rückwirkendes Ereignis" können nur rückwirkende Änderungen von Rechtsverhältnissen subsumiert werden, an die die Besteuerung direkt oder indirekt anknüpft.

Aus dem Bereich des Privatrechts können die Fallgruppen der nachträglichen Beseitigung wirtschaftlicher Folgen eines nichtigen oder unwirksamen Rechtsgeschäftes, der durchgeführten Anfechtung, der Wandelung und Minderung als Beispiele für den Anwendungsbereich der Norm genannt werden. Dabei kommt es nicht darauf an, ob das Ereignis „dinglich-rechtlich" zurückwirkt. Vielmehr kann auch ein Ereignis mit obligatorischer Rückwirkung die Korrektur auslösen, wenn der Anknüpfungspunkt für die spätere Rückgängigmachung bereits im Zeitpunkt der Entstehung des Steueranspruchs vorhanden ist und sich die Rückgängigmachung auf die Rückabwicklung beschränkt. Danach können auch die auflösende Bedingung mit dem Inhalt des § 159 BGB und der Rücktritt — auch nach Wegfall der Geschäftsgrundlage — zum Anwendungsbereich des § 175 Abs. 1 Satz 1 Nr. 2 AO gehören. Rückdatierte und rückbezogene Vereinbarungen können keine Korrektur bewirken. In diesen Fällen divergieren die rechtliche Gestaltung und die wirtschaftliche Durchführung. In solchen Fällen folgt das Steuerrecht als selbständiges Rechtsgebiet seinen eigenen Grundsätzen.

Auch in der steuerlichen Beratungspraxis und in der finanzgerichtlichen Rechtsprechung haben sich Fallgruppen der Korrektur aufgrund rückwirkender Ereignisse herausgebildet. Hierzu zählen die Fälle, in denen die wirtschaftlichen Ergebnisse eines Rechtsgeschäftes, das aufgrund einer wirksamen Steuerklausel als von Anfang an unwirksam anzusehen ist, nachträglich beseitigt werden. Solche Steuerklauseln sind als unechte Gegenwartsbedingungen zu qualifizieren. Steuerklauseln können ihren Zweck allerdings dann nicht erfüllen, wenn § 11 EStG anwendbar ist und wenn die Grundsätze ordnungsmäßiger Buchführung gelten.

Satzungsklauseln sind eine Art der Steuerklausel. Sie können ihre Wirkungen nur dann entfalten, wenn sie in die Einzelverträge, die den verdeckten Gewinnausschüttungen zugrunde liegen, einbezogen sind.

Außer durch Satzungsklauseln können verdeckte Gewinnausschüttungen auch dann rückgängig gemacht werden, wenn die Beteiligten die Steuerfolgen ihrer Handlungsweise nicht überblicken konnten, diese Folgen ungewöhnlich hart waren und wenn der frühere Zustand bis zur Bilanzaufstellung wieder hergestellt wird. Unter den gleichen Voraussetzungen können auch andere durchgeführte gesellschaftsrechtliche Vereinbarungen, wie z. B. Kapitalerhöhungen, rückgängig gemacht werden. Dogmatisch befriedigend können diese Fälle nur auf der Grundlage des Wegfalls der Geschäftsgrundlage gelöst werden. Mangels eines bereits ergangenen Steuerbescheides kann § 175 Abs. 1 Satz 1 Nr. 2 AO nur analog angewendet werden.

Bilanzielle Entscheidungen können nicht auf der Grundlage des § 175 AO rückgängig gemacht werden. Bei ungewöhnlich harten steuerlichen Folgen kommen allenfalls Billigkeitsentscheidungen in Betracht. Auch die in bestandskräftigen Veranlagungszeiträumen liegenden Folgewirkungen von Bilanzänderungen und -berichtigungen können über § 175 Abs. 1 Satz 1 Nr. 2 AO beseitigt werden.

Schließlich finden sich auch Fallgruppen aus dem öffentlichen Recht.

Während Steuerbedingungen bis zum Erlaß des 2. Haushaltsstrukturgesetzes über eine analoge Anwendung des § 175 Abs. 1 Satz 1 Nr. 2 AO zu einer Korrektur führten, sind diese Fälle danach in § 175 Abs. 2 AO erfaßt. Auch Aufhebung und Änderung steuerrechtlicher und außersteuerrechtlicher Verwaltungsakte können zur Korrektur eines Steuerbescheides nach der hier behandelten Vorschrift führen.

Schließlich können auch Gerichtsurteile rückwirkende Sachverhaltsveränderungen bewirken. Hingegen ist § 175 Abs. 1 Satz 1 Nr. 2 AO in Fällen rückwirkender Gesetzesänderungen, bei Nichtigerklärung einer Norm durch das Bundesverfassungsgericht sowie bei Rechtsprechungsänderungen nicht anwendbar.

Insgesamt gesehen kann die Vorschrift mit dem bisherigen Wortlaut weiterbestehen. Da das umfassende Tatbestandsmerkmal „Ereignis" durch den weiteren Wortlaut der Bestimmungen sowie durch Grundgedanken des Steuerrechts eingeschränkt wird, bestehen insbesondere unter dem Aspekt des Grundsatzes tatbestandlicher Bestimmtheit keine Bedenken gegen die Vorschrift.

Literaturverzeichnis

Bücher und Kommentare

Baumbach, Adolf / *Duden,* Konrad / *Hopt,* Klaus J.: Handelsgesetzbuch, 25. Aufl., München 1983

Becker, Enno: Die Grundlagen der Einkommensteuer, München 1940

Becker, Enno / *Riewald,* Alfred / *Koch,* Karl: Reichsabgabenordnung, Band I (Kommentar), 9. Aufl., Köln 1963

Beker, Manfred: Hinfällige Rechtsgeschäfte im Steuerrecht, München 1969

Blümich, Walter / *Falk,* Ludwig: Einkommensteuergesetz (Kommentar) (Loseblatt), 11. Aufl., München

Bonner Kommentar: Kommentar zum Grundgesetz (Bd. 5) (Loseblatt), Hamburg

Boruttau, Ernst Paul / *Klein,* Otto / *Egly,* Hans / *Sigloch,* Heinrich: Grunderwerbsteuergesetz (Kommentar), 10. Aufl., München 1977

Döllerer, Georg: Verdeckte Gewinnausschüttungen und verdeckte Einlagen bei Kapitalgesellschaften, Heidelberg 1975

Dziegalowski, Ernst / *Thümen,* Georg: Das Reichsbewertungsgesetz (Kommentar), 3. Aufl., Berlin 1931

Enneccerus, Ludwig / *Nipperdey,* Hans Carl: Allgemeiner Teil des bürgerlichen Rechts Band I, 15. Aufl., Tübingen 1960

Erichsen, Hans-Uwe / *Martens,* Wolfgang: Allgemeines Verwaltungsrecht, 5. Aufl., Berlin 1981

Erman, Walter (Bearbeiter): BGB-Kommentar, 6. Aufl., Münster 1975

Falterbaum, Hermann: Buchführung und Bilanz, 8. Aufl., Düsseldorf 1978

Falterbaum, Hermann / *Barthel,* Klaus: Bewertungsrecht/Vermögensteuer, 7. Aufl., Bonn 1980

Federmann, Rudolf: Bilanzierung nach Handelsrecht und Steuerrecht, 4. Aufl., Bielefeld 1978

Felix, Günther: Ermessensausübung im Steuerrecht, Düsseldorf 1955

Fleiner, Fritz: Institutionen des Deutschen Verwaltungsrechts, 8. Aufl., Tübingen 1928

Flume, Werner: Allgemeiner Teil des BGB, Bd. 2, 2. Aufl., Heidelberg 1975

Forsthoff, Ernst: Lehrbuch des Verwaltungsrechts, Bd. 1, 10. Aufl., München 1973

Greiner, Hans: Die steuerliche Bilanzberichtigung und Bilanzänderung, Berlin 1966

Handelsgesetzbuch: Großkommentar (Bd. 1), 3. Aufl., Berlin 1967

Herrmann, Carl / *Heuer*, Gerhard / *Raupach*, Arndt: Kommentar zur Einkommen- und Körperschaftsteuer (Loseblatt), 19. Aufl., Köln 1982

Hesse, Konrad: Grundzüge des Verfassungsrechts der Bundesrepublik Deutschland, 13. Aufl., Heidelberg 1982

Hippe, Wolfgang: Die Änderung und Berichtigung von Steuerbescheiden, Düsseldorf 1961

Hübschmann / Hepp / Spitaler: Kommentar zur AO und FGO, 6. Aufl., Köln 1974

— / — / —: Kommentar zur AO und FGO (Loseblatt), 8. Aufl., Köln 1981

Hueck, Alfred und Götz: Gesellschaftsrecht, 18. Aufl., München 1980

Jahrmarkt, Manfred: Steuervorteile durch Steuergestaltung, 4. Aufl., Freiburg 1977

Judeich, Walter / *Felix*, Günther: Steueranpassungsgesetz, Düsseldorf 1967

Kapp, Reinhard: Kommentar zum Erbschaftsteuer- und Schenkungsteuergesetz, 8. Aufl., Köln 1980

Klein, Franz / *Orlopp*, Gerd: AO 77 (Kommentar), 2. Aufl., München 1979

Knack, Hans-Joachim: Verwaltungsverfahrensgesetz-Kommentar, 2. Aufl., Köln 1982

Koch, Karl: AO 77 (Kommentar), 2. Aufl., Köln 1979

Kruse, Heinrich Wilhelm: Gesetzmäßige Verwaltung, tatbestandsmäßige Besteuerung, in: Vom Rechtsschutz in Steuersachen, Düsseldorf 1960

— Steuerrecht I, Allgemeiner Teil, 3. Aufl., München 1973

Kühn, Rolf / *Kutter*, Heinz: AO/FGO (Kommentar), 11. Aufl., Stuttgart 1974

— / —: AO/FGO (Kommentar), 13. Aufl., Stuttgart 1979

Larenz, Karl: Allgemeiner Teil des bürgerlichen Rechts, 5. Aufl., München 1980

— Methodenlehre der Rechtswissenschaft, 4. Aufl., Berlin 1979

— Schuldrecht, Allgemeiner Teil I, 13. Aufl., München 1982

Leffson, Ulrich: Die Grundsätze ordnungsmäßiger Buchführung, 5. Aufl., Düsseldorf 1980

Littmann, Eberhard: Einkommensteuerrecht (Kommentar), 13. Aufl., Stuttgart 1981

Mattern, Gerhard / *Meßmer*, Kurt: AO (Kommentar), Bonn 1964

Medicus, Dieter: Bürgerliches Recht, 10. Aufl., Köln 1981

Meincke, Jens Peter / *Michel*, Theodor: Erbschaft- und Schenkungsteuergesetz (Kommentar), 7. Aufl., München 1981

Mittelbach, Rolf: Steuereinsparungen bei den Ertragsteuern, Ludwigshafen 1971

— Steuererstattungen und Steuernachforderungen, Herne 1964

Mittelsteiner, Karl-Heinz / *Schaumburg*, Harald: Abgabenordnung 77, Köln 1976

Möllinger, Otto: Abgabenordnung 77, Stuttgart 1977

Münchener Kommentar zum Bürgerlichen Gesetzbuch (Bearbeiter), Bd. 1, München 1978, Bd. 2, München 1979

Palandt (Bearbeiter): Bürgerliches Gesetzbuch, 42. Aufl., München 1983

Paulick, Heinz: Die steuerrechtliche Zulässigkeit von Steuerklauseln in rechtsdogmatischer Sicht, in: Steuerlast und Unternehmenspolitik, S. 347 ff., Stuttgart 1971

— Lehrbuch des allgemeinen Steuerrechts, 3. Aufl., Köln 1977

Rössler, Rudolf / *Troll*, Max / *Langner*, Johannes: Bewertungs- und Vermögensteuergesetz (Kommentar), 12. Aufl., München 1981

Schwarz, Bernhard: Kommentar zur Abgabenordnung (Loseblatt), Freiburg 1976

Soergel, Hs. Th. / *Siebert*, W. (Bearbeiter): Bürgerliches Gesetzbuch, Bde. 1, 2, 10. Aufl., Stuttgart 1967

Staudinger (Bearbeiter): BGB-Kommentar Bd. 1, 11. Aufl., Berlin 1957

Stelkens, Paul / *Bonk*, Heinz J. / *Leonhardt*, Klaus: Verwaltungsverfahrensgesetz — Kommentar, München 1978

Stern, Klaus: Das Staatsrecht der Bundesrepublik Deutschland, Bd. 1, München 1977

Sudau, Alfred / *Lammerding*, Jo / *Brauel*, Heinz: Abgabenordnung und FGO, 7. Aufl., Düsseldorf 1978

Thiel, Jochen: Bilanzrecht Handelsbilanz — Steuerbilanz, Köln 1980

Thiel, Jochen / *Steinwachs*, Heinrich: Abgabenordnung 77, Düsseldorf 1976

Thomas, Heinz / *Putzo*, Hans: Zivilprozeßordnung, 12. Aufl., München 1982

Tipke, Klaus: Steuerrecht, 8. Aufl., Köln 1981

Tipke, Klaus / *Kruse*, Heinrich Wilhelm: Abgabenordnung, Finanzgerichtsordnung (Kommentar), 7. Aufl., Köln 1976

— / — Abgabenordnung, Finanzgerichtsordnung (Kommentar) (Loseblatt), 10. Aufl., Köln 1980

Troll, Max: Grundsteuergesetz (Kommentar), 4. Aufl., München 1979

von Tuhr, Andreas: Allgemeiner Teil des deutschen bürgerlichen Rechts, Bd. II/2, München 1918

Vogel, Klaus: Die Berichtigungsveranlagung, Köln 1959

— Empfiehlt sich eine Anpassung der Vorschriften über Berichtigung und Änderung von Steuerbescheiden an das Allgemeine Verwaltungsrecht und welche sonstigen Reformen sind auf diesem Gebiet in Betracht zu ziehen? (Gutachten für den 46. Deutschen Juristentag), München 1966

Woerner, Lothar / *Grube*, Georg: Die Aufhebung und Änderung von Steuerverwaltungsakten, 5. Aufl., Stuttgart 1977

Wolf: Abgabenordnung (AO 1977) (Kommentar), Baden-Baden 1977

Wolff, H. J. / *Bachof*, O.: Verwaltungsrecht I, 9. Aufl., München 1974

Woltmann, Albrecht: Zum Recht des Steuerpflichtigen auf Fehlerheilung, Bonn 1970

Aufsätze, Urteilsanmerkungen

Barske, Kurt: Anmerkung zum Urteil des BFH vom 10. 4. 62, Steuerliche Betriebsprüfung 1062, S. 103

Bauder, Georg: Über die steuerliche Beurteilung rückwirkender Rechtsgeschäfte, Steuer-Warte 1958, S. 165

v. Beckerath, Hans Jochen: Zum Verhältnis von § 5 StAnpG zur Einkommensteuer als laufend veranlagter Steuer, Deutsches Steuerrecht 1973, S. 743

Beckmann, Günter: Die Satzungsklausel gegen verdeckte Gewinnausschüttungen, Betriebs-Berater 1967, S. 532

Benne, Dietmar: Die Anfechtung als Ereignis mit steuerlicher Rückwirkung im Einkommensteuerrecht, Betriebs-Berater 1980, S. 1846

Blencke, Hans: Die Rechtsprechung der Finanzgerichte zum Körperschaftsteuerrecht, Finanz-Rundschau 1962, S. 271

— Die Rechtsverwirkung im Steuerrecht, Neue Wirtschaftsbriefe, Fach 2, S. 3467

— Steuer- und Satzungsklauseln, Neue Wirtschaftsbriefe, Fach 2, S. 2233 u. S. 3441

Boettcher, Carl: Zur Frage der Rückgängigmachung von Geschäftsvorfällen mit Wirkung für die Einkommensteuer, Steuer und Wirtschaft 1931, Sp. 643

Boettcher, Conrad: Zum Steuer- und Wirtschaftsrecht der Familienunternehmen, Steuerberaterjahrbuch 1962/63, S. 57

Böttcher, Conrad / *Beinert*, Jörg: Steuerklauseln in der Satzung, Der Betrieb 1966, S. 87

v. Bornhaupt, Kurt Joachim: Anmerkung zum Urteil des BFH vom 19. 3. 1976, Betriebs-Berater 1976, S. 679

Brandt-Pollmann, Eckart: Bestandskraft und Streitgegenstand im Besteuerungsverfahren, Betriebs-Berater 1981, S. 1209

Brosch, Wolfgang: Einkommensteuerliche Behandlung von Rückzahlungen, Der Betrieb 1967, S. 2000

Classen, Andrea: Minderung der Einkünfte durch Rückzahlung verdeckter Gewinnausschüttungen?, Betriebs-Berater 1984, S. 327

Döllerer, Georg: Verdeckte Gewinnausschüttungen und verdeckte Einlagen nach neuem Körperschaftsteuerrecht, Betriebs-Berater 1979, S. 57

Domann, Rita: Aufhebung oder Änderung von Steuerbescheiden wegen neuer Tatsachen oder Beweismittel (§ 173 Abgabenordnung), Betriebs-Berater 1979, S. 516

Ehlers, Hans: Rückstellungen als bilanzierte Steuerklauseln, Betriebs-Berater 1962, S. 1426

— el. —: Fragen zum Verlustabzug (Verlustrücktrag), Der Betrieb 1976, S. 1035

— Satzungsklauseln bei Personengesellschaften, Der Betrieb 1967, S. 836

— Zum Anwendungsbereich von Steuerklauseln, Der Betrieb 1963, S. 1166

— Zum Umfang von Bilanzänderungen, Der Betrieb 1969, S. 462

— en. —: Nachgeholte Steuerklauseln, Der Betrieb 1963, S. 1234

— Rückgängigmachung verdeckter Gewinnausschüttungen innerhalb des Gewinnermittlungszeitraumes, Der Betrieb 1963, S. 711

— Steuerklausel für Entnahmegewinne, Der Betrieb 1963, S. 746

Engelhardt, Werner: Rückgängigmachung von verdeckten Gewinnausschüttungen durch Steuerklauseln, Steuer-Warte 1968, S. 129

Felix, Günther: Gewerbesteuererstattung nach Nichtigkeit des § 8 Ziff. 6 GewStG, GmbH-Rundschau 1962, S. 129 u. S. 236

— Schutz vor nachteiligen Rechtsfolgen aus der Annahme verdeckter Gewinnausschüttungen, GmbH-Rundschau 1963, S. 10

— Umwandlung verdeckter Gewinnausschüttungen in offene Gewinnausschüttungen, Der Betrieb 1962, S. 624

Fichtelmann, Helmar: Berichtigung von Ehegatten-Veranlagungen, Die Information über Steuer und Wirtschaft 1974, S. 131

— Der Bilanzenzusammenhang und seine Durchbrechung, Neue Wirtschaftsbriefe, Fach 17 a, S. 727

— Zur Problematik der Durchführung einer Zusammenveranlagung von Ehegatten nach bestandskräftiger, getrennter Veranlagung eines Ehegatten, Deutsche Steuerzeitung/A 1978, S. 173

Flume, Werner: Die Steuerklausel und die juristische Kautelarjurisprudenz, Der Betrieb 1970, S. 77

Frenkel, Erdmann: Die Kompensation von Rechtsfehlern bei der Korrektur von Steuerbescheiden, Betriebs-Berater 1977, S. 1501

Friauf, Karl Heinrich: Unser Steuerstaat als Rechtsstaat, Steuerberater-Jahrbuch 1977/78, S. 39

Friedrich, Klaus: Die Nachfolgebestimmungen des § 4 StAnpG in der neuen Abgabenordnung, Steuer und Wirtschaft 1976, S. 372

Fritsch: Bedingte Steuerschulden und ähnliche Schwebezustände, Steuer und Wirtschaft 1951, Sp. 383

Furkel, Rüdiger: Zur Rückgängigmachung verdeckter Gewinnausschüttungen, Betriebs-Berater 1973, S. 1541

Gaffron, Klaus: Steuerklauseln als Gestaltungsmittel, Der Betrieb 1971, S. 297

Gail, Winfried: Berichtigung rechtskräftiger Gewerbesteuermeßbescheide, Betriebs-Berater 1963, S. 265

Genschmer, H.: Grenzen privatrechtlicher Einflußnahme auf steuerliche Tatbestände, Der Betrieb 1963, S. 1585

Gierschmann, Albert: Die Berichtigung von Steuerfestsetzungen nach § 4 Abs. 3 Ziff. 2 StAnpG, Finanz-Rundschau 1955, S. 469

Götz, Heinrich: Rückwirkung des BVerfG-Urteils zum Alleinvertretungsrecht des Vaters, Neue Juristische Wochenschrift 1959, S. 1809

Grass, Adolf: Die Rückgängigmachung von Rechtsgeschäften durch Steuer- und Satzungsklauseln, Steuer und Wirtschaft 1967, Sp. 449

Grieger, Rudolf: Anmerkung zum Urteil des BFH vom 24. 6. 1957, Betriebs-Berater 1957, S. 1097

— Anmerkung zum Urteil des BFH vom 10. 4. 1962, Betriebs-Berater 1962, S. 747

— Anmerkung zum Urteil des BFH vom 22. 6. 1967, Betriebs-Berater 1967, S. 1406

Gruß, H.: Steuerklauseln gegen verdeckte Gewinnausschüttung, Die Information über Steuer und Wirtschaft 1968, S. 79

Hanraths, Josef: Zur Rückgängigmachung von Entnahmen, Steuerliche Betriebsprüfung 1963, S. 269

Hartz: Anmerkung zum Urteil des BFH vom 10. 4. 1962, Der Betrieb 1962, S. 790

Hein, Reinhard: Die Korrekturvorschriften nach der AO 77, Betriebs-Berater 1978, S. 1768

Heinlein, Alfons: Berichtigung oder Zurücknahme rechtskräftiger Steuerbescheide wegen Fortfalls eines Besteuerungsmerkmals i. S. des § 4 Abs. 3 Ziff. 2 des Steueranpassungsgesetzes, Deutsches Steuerrecht 1969, S. 199

— Steuerlich zulässige und unzulässige Rückwirkung von Verträgen und Geschäftsvorfällen unter Berücksichtigung der Ausnahmerechtsprechung, Steuerliche Betriebsprüfung 1963, S. 309; 1964, S. 5

— Verhältnis des Steuerrechts zum bürgerlichen Recht, Blätter für Steuer-, Sozial- und Arbeitsrecht 1981, S. 282

Henninger, Fritz: Zum Anwendungsbereich von Satzungsklauseln, Der Betrieb 1963, S. 1374

— Zur Behandlung von Satzungsklauseln in Gesellschaftsverträgen, GmbH-Rundschau 1965, S. 178

Heuer, Gerhard: Auflösend bedingte Steuerschulden aus verdeckten Gewinnausschüttungen, Der Betrieb 1962, S. 649

— Streifzüge durch das geltende Einkommensteuerrecht, Steuerberater-Jahrbuch 1959/60, S. 326

Hippe, Wolfgang: Die Nichtigerklärung des § 8 Ziff. 5 GewStG durch das BVerfG, Finanz-Rundschau 1962, S. 199

Högemann: Rückwirkende Beseitigung von steuerlichen Vertragsfolgen, Die Information über Steuer und Wirtschaft 1962, S. 409

Höllig, Henri: Festsetzungsverjährung nach der AO 77, Betriebs-Berater 1978, S. 33

Hoffmann: Anmerkung zum Urteil des OFH vom 19. 11. 1949, Finanz-Rundschau 1950, S. 72

— Anmerkung zum Urteil des BFH vom 23. 1. 1958, Finanz-Rundschau 1959, S. 209

— Anmerkung zum Urteil des BFH vom 17. 2. 1959, Finanz-Rundschau 1959, S. 250

— Anmerkung zum Urteil des BFH vom 10. 4. 1962, Finanz-Rundschau 1962, S. 365

Hundertmark, Dedo / *Harms*, Volkmar: Handelsrechtliche Zulässigkeit von Bilanzberichtigungen aufgrund von Steuerklauseln, Betriebs-Berater 1973, S. 1051

Judeich, Walter: Die Bedeutung des § 4 Abs. 3 Ziff. 2 StAnpG, gesehen vom Irrtum über die steuerlichen Auswirkungen eines Vorgangs, Die Wirtschaftsprüfung 1958, S. 514

— Zurückgezahlte Einnahmen als Werbungskosten, Betriebs-Berater 1961, S. 673

Kapp, Reinhard: Einfluß nicht erwarteter steuerlicher Folgen auf Schenkungen — Wegfall der Geschäftsgrundlage, Betriebs-Berater 1979, S. 1207

Kayser, Robert: Zulässigkeit und Auswirkungen von Steuerklauseln und Satzungsklauseln, Die Wirtschaftsprüfung 1968, S. 481

Kirchhof / v. Arnim: Besteuerung und Eigentum, Veröffentlichungen der Vereinigung der Deutschen Staatsrechtslehrer Bd. 39 (1980), S. 213

Klemm, Georg: Rückgängigmachung von verdeckten Gewinnausschüttungen durch Steuerklauseln, Der Betrieb 1966, S. 1624

Klemp, Wolfram: Änderung der Bemessungsgrundlage und Wegfall von Besteuerungsmerkmalen, Umsatzsteuer-Rundschau 1970, S. 293

Kötter: Aufhebung und Änderung von Steuerverwaltungsakten, Neue Wirtschaftsbriefe, Fach 2, S. 3113

Kohrs, E,: Beseitigung einer verdeckten Gewinnausschüttung, GmbH-Rundschau 1960, S. 225

Kottke, Klaus: Abschnitt 41 Abs. 3 EStR als Präzedenzfall für die Anerkennung von Steuerklauseln? Zugleich: Eine Bestandsaufnahme des Rechts der Steuerklausel, Deutsches Steuerrecht 1967, S. 446

— Zur Rückwirkung von Ereignissen bei laufend veranlagten Steuern, Deutsches Steuerrecht 1982, S. 545

Krah: Berichtigung von rückliegenden Bilanzansätzen, Geschäftsvorfällen und Gewinnverteilungsabreden, Die Information über Steuer und Wirtschaft 1968, S. 145

Krause-Kärsten, Herbert: Die Steuerklausel, Steuerliche Betriebsprüfung 1964, S. 161

Krollmann, Heinz: Berichtigungsveranlagungen — insbesondere nach einer Betriebsprüfung — und getrennte Ehegattenveranlagung, Betriebs-Berater 1958, S. 514

Kurz, Volker: Zur Rückgängigmachung steuerrechtlich relevanter Willenserklärungen von Steuerpflichtigen, Steuer und Wirtschaft 1979, S. 243

Lange: Bedingte Rechtsgeschäfte und ähnliche Schwebezustände im Steuerrecht, Deutsche Steuerzeitung 1940, S. 349

Lauer, Georg: Die Korrekturvorschriften der AO 77, Die Information über Steuer und Wirtschaft 1979, S. 511

Littmann, Eberhard: Steuer- und Satzungsklauseln — Bedeutung und Wirksamkeit, Die Information über Steuer und Wirtschaft 1969, S. 505

Maaßen, Kurt: Arten des steuerlichen Ermessens und Rechtsschutz gegen Ermessensentscheidungen, Steuerberater-Jahrbuch 1953/54, S. 127

— Rückwirkung steuerlicher Rechtsnormen und der Grundsatz vom Vertrauensschutz, Finanz-Rundschau 1961, S. 125

— Zum Ringen um die Anerkennung von Steuerklauseln, Finanz-Rundschau 1972, S. 78

Märkle: Nachträgliche Änderung des Veräußerungspreises durch Forderungsverlust wegen Zahlungsunfähigkeit des Erwerbers, Finanz-Rundschau 1968, S. 161

Martens, Joachim: Bilanzzusammenhang und Bestandskraft, Steuer und Wirtschaft 1972, S. 193

Matthies: Satzungswidrige verdeckte Gewinnausschüttungen, Der Betrieb 1962, S. 1093

Megow, Heinrich: Berechtigt ein Irrtum über die Höhe der zu entrichtenden Steuer zur Anfechtung von Verträgen mit steuerlicher Wirkung?, Deutsche Steuerzeitung/A 1952, S. 21

Meilicke, Heinz: Vertragsgestaltung und Steuergestaltung, Steuerberater-Jahrbuch 1954/55, S. 187

Merkel, Gottlieb: Bemerkenswerte Entscheidungen auf dem Gebiet der Einkommensteuer und der Gewerbesteuer im Jahre 1962, Steuer und Wirtschaft 1963, Sp. 435

Meyer-Arndt, Lüder: Probleme der Steuerklauseln, Jahrbuch der Fachanwälte für Steuerrecht 1979/80, S. 297

Mittelbach, Rolf: Rückgängigmachung von Geschäftsvorfällen, Deutsches Steuerrecht 1962, S. 133

— Wann führt die Zusammenveranlagung von Ehegatten zur Erstattung von Steuern?, Die Information über Steuer und Wirtschaft 1958, S. 134

Mutze, Otto: Steuerklauseln, Finanz-Rundschau 1964, S. 37

Nolte, K. H.: Zur Problematik der „Steuerklauseln", Der Betrieb 1970, S. 507

Oswald, F.: Zur Frage der ex-tunc-Wirkung bei Nichtigerklärung steuerlicher Vorschriften, Finanz-Rundschau 1962, S. 196

Paulick, Heinz: Neue Tatsachen und Folgewirkungen, Der Steuerberater 1959, S. 124

Peter, Karl-Friedrich: Das BVerfG zur echten und unechten Rückwirkung von Steuergesetzen, Neue Wirtschaftsbriefe, Fach 2, S. 2257

Randebrock, Otto: Änderung von rechtskräftigen Steuerfestsetzungen nach § 4 Abs. 3 Ziff. 2 StAnpG, wenn eine Steuernorm vom BVerfG für verfassungswidrig erklärt ist, Der Betrieb 1962, S. 1318

— Berichtigung von Steuerbescheiden bei für verfassungswidrig erklärten Gesetzesnormen, Betriebs-Berater 1963, S. 1464

— Erstattung der Gewerbesteuer nach Ergehen der BVerfG-Urteile vom 24. 1. 1962 auch bei Rechtskraft der Bescheide?, Der Betrieb 1962, S. 455

— rh. —: Berichtigungen von Steuerfestsetzungen nach § 4 Abs. 3 Ziff. 2 StAnpG, Finanz-Rundschau 1955, S. 565

— Berichtigung wegen nachträglichen Verlustvortrags, Finanz-Rundschau 1959, S. 118

Roos, Heinz: Die rechtliche Bedeutung des § 4 Abs. 3 Ziff. 2 StAnpG unter der Herrschaft des Grundgesetzes, seine Bedeutung für § 79 Abs. 2 BVerfGG, Finanz-Rundschau 1964, S. 9

— Gewerbesteuererstattung nach Nichtigkeit des § 8 Ziff. 6 GewStG, GmbH-Rundschau 1962, S. 235

Sauer, Otto: Steuerklauseln — Institutiones iuris tributarii, Steuer und Wirtschaft 1975, S. 19

Schmidt, Ludwig: Steuerklauseln, Jahrbuch der Fachanwälte für Steuerrecht 1979/80, S. 314

Schuwardt, G.: Anerkennung von Steuerklauseln, Der Betrieb 1967, S. 139

Seeliger, G.: Die Bindung der Steuergerichte und Finanzbehörden an Verwaltungsakte anderer Behörden, Steuer und Wirtschaft 1961, Sp. 157

Seweloh: Zum Vermögensteuerrecht, Steuer und Wirtschaft 1932 Teil I, S. 1683

Stuhrmann, Gerd: Überblick über die Steuergesetzgebung im Jahre 1981, Neue Juristische Wochenschrift 1982, S. 1024

Stumpe, H.: Zur rückwirkenden Unwirksamkeit von Geschäftsvorfällen bei verdeckten Gewinnausschüttungen, GmbH-Rundschau 1961, S. 90

Sturm, Friedrich: Der „Dritte Bauherrenerlaß 1981", Wertpapier-Mitteilungen 1982, S. 346

Sudhoff, H.: Gewinnausschüttungen und Bilanzberichtigung, Finanz-Rundschau 1962, S. 243

Theis, J.: Neue Tatsache und Folgewirkung bei der Ehegattenbesteuerung, Der Betrieb 1958, S. 692
— Steuerklauseln und Satzungsklauseln, Der Betrieb 1967, S. 1198
— Steuerklauseln und Satzungsklauseln, Die Aktiengesellschaft 1968, S. 48

Thiel, Rudolf: Berichtigung von Steuerbescheiden bei rückwirkender Änderung einer Gesetzesvorschrift, Betriebs-Berater 1963, S. 443

Tipke, Klaus: Die Bestandskraft von Steuerverwaltungsakten, Neue Juristische Wochenschrift 1962, S. 1040
— An den Grenzen der Rechtssicherheit im Steuerverfahrensrecht, Steuer-Kongreß-Report 1965, S. 204
— Steuerklauseln, Neue Juristische Wochenschrift 1968, S. 865
— Steuerrecht und bürgerliches Recht, Juristische Schulung 1970, S. 140
— Zur Reform der RAO, Finanz-Rundschau 1970, S. 260; 1970, S. 384; 1971, S. 69

Weber, Karl Hermann / *Lauer*, Jörg: Der neue „Bauherren-Erlaß" und die Änderungen gegenüber früheren Regelungen, Die Information über Steuer und Wirtschaft 1982, S. 7

Weimar, Wilhelm: Rücktritt und Wandelung, Monatsschrift für Deutsches Recht 1976, S. 287

Weissenborn, Hans Ulrich: Steuer- und Satzungsklauseln de lege lata — de lege ferenda, Betriebs-Berater 1971, S. 1317

Wellnhofer, Bernhard: Zivil- und steuerrechtliche Aspekte der Bereicherung des Empfängers einer verdeckten Gewinnausschüttung um die Steuergutschrift, Finanz-Rundschau 1978, S. 257

Wendt, Rudolf: Rücknahme und Widerruf von Verwaltungsakten in Spezialgesetzen und im Verwaltungsverfahrensgesetz, Juristische Arbeitsblätter 1980, S. 85

Wietfeldt: Zurückberichtigung fehlerhafter Bilanzen, Deutsche Steuerzeitung/A 1952, S. 105

Winterberg: Zur Erstattung der Gewerbesteuer nach Ergehen der BVerfG-Urteile vom 24. 1. 1962 auch bei Rechtskraft der Bescheide, Der Betrieb 1962, S. 587

Wöhe, Günter: Die Handels- und Steuerbilanz, Juristische Schulung 1975, S. 768; 1976, S. 77

ohne Verfasser: Steuerklauseln und Entnahme, Der Betrieb 1967, S. 1065

Dissertationen

Beker, Manfred: Die Einwirkung der Rückgängigmachung von Rechtsgeschäften auf Steueransprüche, Würzburg 1966

Bischoff, Peter: Das Problem der Rückwirkung bei einer Änderung der Rechtsprechung, Münster 1980

Burmeister, Joachim: Die Verfassungsorientierung der Gesetzesauslegung, Köln 1966

Lagemann, Folker: Die Steuerklausel — ihre Wirkungsweise und praktische Anwendbarkeit, Gießen 1979

Potthast, Bernd: Die Rückgängigmachung von Rechtsgeschäften und ihre steuerlichen Wirkungen, Münster 1952

Wiebe, Wolfgang: Steuerklausel und Satzungsklausel, Münster 1972

FSC
www.fsc.org
MIX
Papier | Fördert gute Waldnutzung
FSC® C083411

Kolibri 360 GmbH
Ferdinand-Jühlke-Straße 7
99095 Erfurt, Deutschland
produktsicherheit@kolibri360.de

Druck:
CPI Druckdienstleistungen GmbH
im Auftrag der
Kolibri 360 GmbH
Ferdinand-Jühlke-Str. 7
99095 Erfurt